U0898823

因为你是我的宝贝

马佳◎著

译林出版社

图书在版编目（CIP）数据

因为你是我的宝贝 / 马佳著 . —南京：译林出版社，2015.10
ISBN 978-7-5447-5735-5

Ⅰ.①因… Ⅱ.①马… Ⅲ.①早期教育 Ⅳ.①G61

中国版本图书馆CIP数据核字（2015）第199445号

书　　名　因为你是我的宝贝
作　　者　马　佳
责任编辑　王振华
特约编辑　刘文硕
出版发行　凤凰出版传媒股份有限公司
　　　　　　译林出版社
出版社地址　南京市湖南路1号A楼，邮编：210009
电子信箱　yilin@yilin.com
出版社网址　http://www.yilin.com
印　　刷　三河市华润印刷有限公司
开　　本　889×1194毫米　1/24
印　　张　7
字　　数　139千字
版　　次　2015年10月第1版　2015年10月第1次印刷
书　　号　ISBN 978-7-5447-5735-5
定　　价　29.80元

为何1个月的婴儿——茜茜　睡眠不黑白颠倒？

为何2个月的婴儿——茜茜　视力发展迅速？

为何3个月的婴儿——茜茜　晚上能够自然入睡？

为何4个月的婴儿——茜茜　能够认字识物，一觉睡到大天亮？

为何5个月的婴儿——茜茜　识《千字文》，会简单的四则运算？

为何6个月的婴儿——茜茜　不挑食？

为何7个月的婴儿——茜茜　乐于尝试，能够认真对待自己的事情？

为何8个月的婴儿——茜茜　性格开朗，生活规律？

茜茜妈到底是个什么样的母亲，为何会有如此超常的孩子？

是天生如此，还是另有端倪？请听茜茜妈对茜茜说……

目　　录

前　言

亲爱的宝贝儿，你曾在母体里成长，是我生命的一部分，我们心灵相通。你是聪明的小家伙儿，生来就会“婴语”，妈妈懂得这门独特的语言。因此，你一出生我们就可以尽情畅谈。我就这样从你出生的第一天变成了“唠叨”妈，你就这样在出生的第一天成了“懂事”宝儿。你的出生意味着我们的家庭又多了一个新的永久性成员，我和你爸爸开心得无法用语言来形容。

记得妈妈在病房中第一次见到你，就深深陶醉于你的眼神，它是那么的清澈、纯净，没有一丝杂质。我瞬间忘记了术后的不适，忍不住喊了出来：“终于见到你啦，我亲爱的宝贝儿！”看到你的那一刻，真是太激动了，我想我要竭尽全力将我所能给予你的全都给你，让你的人生充满幸福和快乐！

出生意味着你将面对一个全新的世界。你从此脱离了母体的保护，不再通过脐带汲取营养，也不再有恒温羊水的滋润。你赤裸着柔软的身体来到了这个完全陌生的世界，开始和所有人一样体验人间的冷暖，面对环境的挑战。你的健康出生让妈妈感到无比欣慰，这是你成功来到世界的第一步，也是重要的一步。这是人生旅程的开端。

知道吗？亲爱的宝贝儿，提前做计划是妈妈一直以来的习惯，甚至有时妈妈会提前几步做事情。记得妈妈在怀孕前的半年时间里，做了孕前计划，并按计划每天进行晨练，适时安排孕前体检，看一些有关怀孕的常识。妈妈在准备怀孕的前3个月开始服用叶酸，并且注重饮食的清淡和营养。

在怀孕初期妈妈就为你起好了名字——“莫凡”，寓意是眼界开阔，有独特的视角和见解。人生是不断选择的过程，选择的成功与否，决定了人一生幸福和快乐的程度。妈妈希望你长大后能够成为懂得选择的人，但这很大程度上取决于我和你的爸爸持续不断的良性引导。父母责任绝对重大喔！

怀孕中期妈妈制订了一个“宝贝计划”，并按着计划做胎教，关注有关早教和养育宝宝的书籍和信息。因为妈妈喜欢提前做计划，所以对你出生后的一切培养都是围绕着这个方式展开的。妈妈对你的一切都在进行着提前引导，包括你的思维、习惯、性格、爱好等。妈妈之所以采用这样的方式，是不希望等问题形成时再去对你进行纠正，因为那通常是很难的事情。如果说提前引导只是付出一分努力的话，我想形成习惯以后再来改正要付出的努力是它的10倍，而且结果还未必真能让人满意。就如同很小的孩子形成坏习惯容易，但改掉很难。或者我们等到孩子上学时才发现他对学习完全没有兴趣，我想，这样的话，无论今后怎么培养，也很难让他燃起对知识的渴望。因此，亲爱的宝贝，妈妈在怀孕时就已经计划好，要对你未来需要用到的所有能力进行良性的提前引导，使之逐渐在你的成长过程中自然形成。

妈妈将自己对你的这种教育方式简称为“全方位能力的提前引导”，这就是妈妈制订的“宝贝计划”的核心。而这份计划的真正起始日就是你出生的第一天。

这份计划的制订始于怀孕期间，那时，妈妈在一次与朋友确定室内设计方案的电话聊天中，得知了她曾看过一本不错的早教书。她也是一位母亲，她的女儿当时3岁。她将早教书中提倡的一些方法运用到了她女儿的身上，一段时间后感觉很有成效。但与此同时，她也感到深深的遗憾，她感慨如果能在怀孕时看到这样的书，就可以在宝宝更小的时候加以培养，那她女儿的一些能力一定能得到更好的提高。因此，她建议我在怀孕的时候就看看这方面的书。应该说，与她的这次电话聊天给了我莫大的启发，让我更加意识到养育的方式对宝宝一生的幸福起着决定性作用。朋友是无价的，我非常感激她给我的这些忠言。于是，放下电话我便立刻开始寻找好的早教书籍和信息，“宝贝计划”的制订就此展开了。

制订这个计划，妈妈首先要确定最关键的几点：

1.一个全面的人都需要具备哪些能力？

2.哪个阶段开始培养？

3.用什么样的方式培养？

妈妈搜集了很多国内外著名学者的理论，比如美国哈佛大学世界著名教育心理学家霍华德·加德纳提出的“多元智能”理论。这一理论将人的智能分为八个方面：语言智能、音乐智能、数学逻辑智能、空间智能、肢体运动智能、内省智能、人际关系智能和自然观察智能。再如美国格伦·杜曼博士关于潜能早期开发的理论，杜曼认为每个正常的婴儿都具有像莎士比亚、莫扎特、爱迪生等人那样天才的潜能，聪明和愚蠢都是环境和教育的产物；年龄越小，学习就越容易、越有效。还有卡尔·威特“儿童潜能递减法则”理论，他认为愈早开始教育孩子，孩子的才能愈能够得到大的延伸；相反，如果较晚才开始教育，那么，其才能延伸的可能性就几乎枯萎了。另外，日本七田真提出“右脑开发”理论，强调“右脑教育”及“零岁教育”。此外，我还了解了中国专家冯德全的“让孩子快乐成才”和郑玉巧的“科学育儿”等一些有关早教、育儿的理念。

妈妈将这些理论进行了归纳，制订出了“宝贝计划”的纲要：

1.一个人所具备的全部能力分为头脑、性格、身体三个方面。

2.将计划的施行日设定为出生第一天。

3.将培养方式确定为游戏的形式。因为游戏是婴儿天生喜欢的，没有什么比游戏更能激起他们的兴趣。

“宝贝计划”的纲要确定了，下一步妈妈要准备和你做游戏的内容了。于是妈妈仔细地筛选了一些早教书籍和早教产品，并买回来进行分类，然后开始了逐步的学习。那时距离你的出生大概还有3个月。

妈妈首先将买到的早教书籍看了一遍，那是郑玉巧著的几本育儿常识方面的书，里面包括了每个阶段婴儿的基本特征及不同阶段容易出现的疾病和处理方法，教妈妈们如何更好地养育宝宝，另外还有一些关于早教的阐述。这本书非常实用，它能让妈妈了解到婴儿不同阶段的特征及养育过程中会遇到的问题，尤其能给第一次养宝宝的妈妈们增加许多信心。之后，妈妈又读了一些专门的早教书籍，以充分了解早教的正确方式和方法。妈妈还看了一些童谣书，学会了一些富有意义的儿歌和童谣。最后，妈妈仔细了解了所有早教产品的使用说明以保证能够正确地应用。在你出生前的两个多月，妈妈将所有产后需要用到的物品全部准备妥当。妈妈要尽可能做到准备充分，这样才能从容不迫地迎接我最亲爱的宝贝儿的到来。

说实话，你出生后，妈妈的确为怀孕期间准备充分感到庆幸。要知道，在你出生后的3个月内，妈妈几乎没什么时间做其他事，单照顾你这一项就已经足够我忙活了。你每天需要很多次的哺乳，很多次的喂水，很多次的更换尿布，很多次的物品清洗，很多次的用具消毒……这的确让妈妈有些适应不了。嘿嘿！不过还好，你同样也有很多次的睡眠，不然妈妈真的挺不住。这是所有的新妈妈都要接受的考验喔！当然，为自己最最最亲爱的宝贝儿，付出什么都值得！

第一部分

宝贝计划——三大能力的提前引导

科学研究证明，宝宝一出生，脑的重量为400克，达到成年人智力的25%，6个月后迅速发展为50%，1岁时达66%，3岁时达80%。俗话说“3岁定终生”，也就意味着：宝宝3岁的智力、体能、个性已经定型80%以上。同时，0—3岁也是运动、语言等能力发展最快的敏感期，此时让孩子在父母的鼓励和参与下，完成有针对性的智能开发训练，会事半功倍。

第一章 智力的提前引导

一、语言能力的提前引导

语言是需要理解的，看不明白也听不明白，以后怎么可能说得明白呢？哪个父母不希望自己的孩子成为一个善于表达的人呢？谁不希望自己的孩子具有清晰的思路、敏锐的反应、丰富的想象、准确的语言表述能力及良好的文字表达能力？因此，多看、多听，才能为以后有个好口才打下坚实的基础。

1.视觉能力——多看

记得在你5个月的时候，你的表现曾让记者和专家们大吃一惊。因为，那时小小的你已经认识了上千字。妈妈后来接到了很多朋友的电话，几乎所有人都觉得不可思议，他们都问我："真的假的？怎么学会的？"

是呀，这的确会让人们感到稀奇，那这到底又是怎么回事呢?

首先，妈妈想说，妈妈可不想没事找事，更不想扯上孩子制造谎言，那是多么愚蠢和不可饶恕的行为啊！以牺牲宝贝儿一生的幸福来满足个人这点儿莫名其妙的虚荣，犯不着。

理论基础：七田真博士、杜曼博士

其实，你之所以有这样的能力，妈妈要感谢两个人：美国的格伦·杜曼博士和日本的七田真博士。亲爱的宝贝儿，别误会，妈妈可没见过他们喔！妈妈是在怀孕的时候无意中查到了他们关于婴儿左、右脑研究的重大成果。

七田真博士 1929年生于日本岛根县，教育学博士，国际著名右脑开发专家。四十多年的时间里，他致力于倡导和实践右脑教育的研究、开发和推广。目前，日本有四百多所学校采用七田式教学法。七田式教育能将幼儿不可思议的能力巧妙地引导出来。但七田式幼儿教育并不是以英才教育或天

才教育为目标，而是以全人格教育及左脑与右脑平衡的教育为目标，目的是使孩子拥有一颗体贴他人、充满爱与积极性的心。其特征在于才能递减法则理论。在孩子0至6岁期间，每天花30分钟，通过游戏和互动培养孩子优秀的资质，这就是七田式幼儿教育理论。这种教育理论还远播美国、韩国、新加坡、马来西亚等国家，在国际上产生了广泛的影响。

因七田真在右脑教育领域的卓越贡献，日本政府特别授予他“社会文化功劳奖”，世界学术文化审议会也给他颁发了“国际学术贡献奖”，他还被世界知识产权协会授予“世界和平功劳大骑士”勋章。

他的著作非常多：《超右脑英语学习法》、《超右脑波动速读法》、《全脑时代》、《智能和科学创造》、《不可思议的胎教》、《0岁教育的秘密》、《如何培养儿童右脑》、《肯定、赞扬与爱的教育》、《无限发展的儿童能力》、《超右脑照相记忆法》等。

杜曼博士 1940年开始对人类的潜能进行研究，1955年成立人类潜能开发学会(The Institutes for the Achievement of Human Potential)，60年代开始从事早期脑损伤儿童的治疗研究。他所发明的杜曼教学法早期主要应用于脑损伤儿童的治疗，后来发现对健康儿童也有很好的促进效果。他在法国、巴西、意大利、西班牙等许多国家已经开展工作多年，美国杜曼研究所和日本索尼公司也已合作了几十年。他的足迹遍及一百多个国家，曾获巴西、英国、

爱尔兰、阿根廷、秘鲁、日本等多国的荣誉勋章。

他的著作有：《如何教宝宝阅读》、《如何教宝宝数学》、《如何教宝宝百科知识》、《如何使宝宝身体强健》、《如何让你的宝宝更聪明》。

格伦·杜曼博士认为，婴儿拥有天赋的佳礼——人类的大脑皮质。唯一的问题是，为人父母者能否提供一个良好的环境来让这个大脑皮质生长发育。每个父母都有能力去培育宝宝体内那颗天才的种子，且有能力将宝宝的智能提高到力所能及或所希望的程度。以爱与诚心教宝宝，宝宝可以学会任何事情。

杜曼博士主要观点摘要：

5岁时大脑的发育已经完成约80%，到了8岁几乎已全部完成。从来没有一位成年的科学家，像1岁半到4岁的孩子那样拥有好奇心。然而，大人却把这种旺盛的好奇心误解为注意力无法集中。

小宝宝认为学习是一种生存的技巧。小宝宝生来就具有高度学习的热忱，他们什么都想学，而且是立刻去学。小宝宝认为学习是最棒的事，而一般人却认为，小宝宝最初的6年，应该用来玩耍。

人类生命的前6年的重要性是无法衡量的。如果一个孩子6岁之前一直被关着不与外界接触，等他6岁时，你将见到一个白痴。如果你没有把孩子关起来，但却像对待一个白痴似的忽略他，那他的情形也只是比白痴好一点而已。

几乎每个人的一生在其6岁前就已经决定了。学习的能力与年龄成反比。年纪越小，就越容易接受事物原来的面貌并一直保存它；年纪越大，就越有智慧，这是成年人超越孩子的地方。

如果你想让宝宝不喜欢某件事，只要想尽办法指出它的弱点与错处便行了。如果你想让宝宝乐于去做某件事，并一再表现给你看他能做得有多好，那么你只要告诉他，什么事他做得很好便行了。

杜曼博士提出，婴儿拥有特殊的“闪看”本领。他相信所有的婴儿都有这个本领，并且可以利用这个特殊时期的本领极快速地认识许多文字，学到很多知识。

起初看到这样的事，的确让妈妈感到惊奇甚至怀疑。因为一般5岁的孩子学数学、学汉字都是件不易的事情，怎敢想象一个刚出生不久的婴儿能够学习数学和文字。对妈妈来说这绝对是闻所未闻。

新奇的事情未必就是谎言，恰巧妈妈是个好奇心非常强的人，于是开始继续查找相关资料和成果，以确定这一理论的可靠性。后来，通过大量资料证实，只要掌握好方式、方法，这会是个不错的游戏形式。效果如何暂且不论，起码对于婴儿的成长发育并无害处，因此，值得尝试。

宝宝玩识字游戏

一些资料中提到这种“闪看”的方法在婴儿4个月时就可以应用，因为婴儿的视力发展状况已经具备了运用这套方法的条件。

妈妈就是用这套方法让你认识了许多汉字，后来也是用同样的方法让你认识了许多英文单词。但有所不同的是，妈妈不是在你4个月的时候开始运用这套方法的，而是在你只有2个多月的时候就开始使用了。亲爱的宝贝，你一定很想知道妈妈为什么会这样做吧？理由源于妈妈对你的细心观察。

宝宝识数

应该说，从你出生的第一天，妈妈就开始了对你的细心观察，我想，做任何早教都离不开听力和视力这两个基体条件。如果看都看不到，我们还有什么必要看那些早教图片？听都听不见，还有什么必要听早教CD？这是妈咪一定要及时了解和掌握的最重要的信息。

因此，从你出生的第一天起我们就开始了对你的视力和听力的“跟踪调查”。

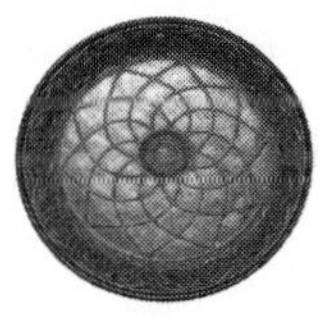

出生后怎样看黑白点卡、轮廓卡

之前，妈妈查到一些资料，指出刚出生的婴儿视力比较差，对黑白颜色的物体更感兴趣。于是，在你出生的第一天，爸爸尝试着将印有一个黑点的卡片举到你眼前，距离你的眼睛约20厘米，并用清晰的声音说出“1”（不同数目的圆点代表不同的数字，比如：一个圆点代表1，两个圆点代表2，以此类推）。

结果发现你居然真的很认真地在看那个圆点。随后爸爸将卡片距离缓缓移动至30厘米，你的目光仍然很专注地停留在那个黑点上。我们将每张卡片的游戏时间控制在5秒钟以内。之后，爸爸又拿出准备好的一张黑白色的兔子轮廓卡片用同样的方法给你看，发现你依然专注如初。知道吗？这第一次的游戏结果的确让我们兴奋不已。也因此更加坚定了“宝贝计划”的实施。

之后，我们每天都进行这个游戏，起初我们每张卡片给你看5—30秒，每天看3次，每次看2张。3天后替换成新的卡片给你。后来到了你10天左右的时候，我们开始尝试在展示卡片的过程中缓慢移动卡片，观察你的眼神是否能随卡片一起移动。我们还时常拿出不同色彩的球举在你眼前左右、上下、远近缓慢移动以观察你的反应。根据这些结果，我们调整看卡片的时间、数量和距离。

从你出生的第一天我们就向你展示不同物体，不仅是对你视觉的一种观察，同时也是对视觉的良性刺激，有助于视力更好、更快地发展。在你两个月的时候，我们明显发现你的眼神比其他同月龄的婴儿更灵活，视力范围也更远，我想也许跟这种游戏方式是有很大关系的。

妈妈总结了一下，在你两个月之前，你的确对黑白颜色的物体更感兴趣，观察的时间更长。而两个月之后，你的视力可以说开始有了突飞猛进的变化，你对有色彩的物体更加感兴趣，对黑白色的卡片兴趣渐失。后来在你两个多月的时候，妈妈停掉了黑白颜色的卡片，开始给你看有色彩的卡片。并正式将格伦·杜曼博士的“闪看”法运用到所有卡片游戏中。

茜茜识字游戏——汉字闪卡

那时，妈妈每天都会给你看“汉字闪卡”。卡片的数量、次数及时间根据你的状态进行调整。但每天至少保证3次。

这样的游戏进行了两个月。在你4个半月的时候，一次偶然的事情，你给了全家人意想不到的惊喜！记得那天我们到门口送走了姑姑，回到卧室后妈妈将你轻轻放到床上，随手拿了一些红色的字卡像往常那样给你看。妈妈发现你

宝宝玩多选识字卡

不再愿意注视这些字了，字举到面前的时候总是把头扭到一边，而之前你是那么喜欢看这些红色的“图案”。

妈妈想，是不是这些字之前给你看过很多次，所以，你已经觉得很无趣了?妈妈用逗着玩儿的口吻随口问了你一句:“小家伙,你怎么不喜欢这些“字宝宝”啦？是不是看的次数太多了，你早就已经认识它们啦？”之后妈妈随意地拿着两张卡片放在了你的面前。当时你趴在床上笑眯眯地看着妈妈，妈妈又随口问了你一句：“宝宝，你知道哪个是‘龙虾’的‘虾’吗？”

妈妈当时真的只是在逗你玩儿，根本没敢想一个仅4个月大的婴儿可以识字，也没指望你真的能够去抓那个字。记得之前在网上看到过这样的资料，说有一个婴儿在1岁的时候就有识字的本领，当时这样的新闻已经让我感到很不可思议了，而你之后的表现让我瞠目结舌！几乎就是在我说完的一瞬间，你的小手就颤颤巍巍地伸了出去，慢慢地落在了那个“虾”上。这让我是多么的不敢相信，妈妈在想：这到底是不是只是偶然？因为，你仅仅 4 个半月而已。因此，妈妈又拿了其他的一些字用同样的方法试了一下，你居然每次都抓对。天

宝宝玩多选识字卡

哪！我当时甚至觉得自己是在做梦。我将阿姨叫到屋子里，把这个情况告诉了她，她显然也不太相信。于是我们又试了几次，你还是每次都抓对，阿姨当时也兴奋得不得了。那时你认识的汉字有20多个。

拜托！在4个半月的时候认识的汉字有20多个，但是为什么5个月的时候媒体报道说宝宝认识了上千字了呢？这个时间非常短，只有大概半个多月不是吗？如果真是这样，妈妈又是用了什么方法呢？宝宝以后能全部记住这些文字吗？是不是妈妈每天用非常多的时间强制性地让宝贝学习呢？我想看到这里有这些质疑的读者一定非常多。

是的，没错，的确只有半个多月的时间，但对于有“闪看”能力的宝宝来说这并非是件难事。至于方法嘛，当然还是“闪看”。另外，让一个还在婴儿阶段的孩子一直记住所有教过的东西很重要吗？我不这样认为。如果真是那样，岂不是没到上学的年龄就能成博士了？这现实吗？有必要吗？杜曼博士的方法，目的在于开发宝宝的右脑潜能，而不是为了会算一些题，会认一些字。至于用非常多的时间强制性地让宝贝学习，我更是做不到。我是那么爱我亲爱的宝贝，这种残忍的事情妈妈做不出来。那这到底又是怎么回事呢？

宝宝玩多选词组游戏

茜茜快速识千字的方式、方法

4个半月时的那次意外的惊喜，让妈妈确认了婴儿真的可以瞬间识字，也让妈妈突然有了一个大胆的想法。妈妈想到，既然认字可以这么快，是不是认识词组和短句也一样很快呢？因此，妈妈开始了进一步的尝试。妈妈停止了单字的“闪看”，开始尝试给你看词组，妈妈分几天给你看完了100个词组，计算了一下字量为200余字。因为是“闪看”的形式，每张卡片的用时是在1秒之内，所以即使一天看20多个词组用时也不会超过半分钟，每天看2次加起来也不会超过1分钟。那时，你对周围很多事情都越发感兴趣，专注力与4个月前相比也没有那么长了。因此，妈妈尽量缩短游戏的时间，让彼此都保持新鲜感。

识短句、《千字文》、《三字经》等

用了几天的时间完成词组的“闪看”后，妈妈又给你看了一些短句的卡片，这些短句也是由之前的200余汉字组成的。就这样又过了短短几天，我们在玩“二选一”游戏的时候，妈妈发现你能很好地选择出相应的答案。后来，妈妈又萌生了一个大胆的想法：是不是文章也可以用“闪”的形式给你看呢？

于是，我们决定自己制作一些卡片。我们开始选择一些简短的童谣“闪”给你看，发现你真的可以指认出正确的答案。这之后，妈妈开始了更加大胆的尝试。妈妈将《千字文》的字体放大后打印在几张A4纸上给你“闪看”。

看之前，妈妈先将游戏要领告诉给你：“宝宝，妈妈现在要给你看《千字文》了。首先我们要先看标题（说的同时，妈妈将标题指给你看），然后我们再看下面的内容，我们要从左往右并且一行一行地去看（边说边用手指给你）。好了亲爱的，准备好了吗？游戏要开始了喔！”

然后，妈妈将第一页的内容“闪”给你看，时间大概1秒，之后开始为你读上面的内容。妈妈在读内容的时候你早已经爬到一边儿啃你的牙咬胶去了。妈妈在这边自己念自己的，你在一边儿尽情地玩儿你的，看起来就好像这事儿跟你完全没关系似的。等妈妈将这一页的内容念完了之后，从里面抽取几个之前从未让你看过的字，通过2选1的游戏让你选出正确答案。这次尝试真的是很大胆，甚至妈妈都觉得自己是在异想天开。要知道那张A4纸上至少印有200多个汉字，如果1秒钟就能记忆下来，绝对是奇迹。但是，让我们震惊的是，你居然全部选对了！

升级的识字游戏：识名画卡、国旗卡、百科卡

后来，就是用这种“闪看”的方式，每页1秒，每天看2页，每页只看1次，2天后你“掌握”了这不重复的1000个汉字。你识字的数量也是这样统计出来的。在之后的日子里，我们又给你制作了许多卡片，将包括《笠翁对韵》、《音律启蒙》、《三字经》等文章的卡片“闪”给你看。在你还不到6个月的时候，我们粗略地统计了一下，“闪”给你的汉字数量已经达到5000个以上了。

识名画卡

知道吗？亲爱的宝贝儿，给你做卡片真的是件辛苦的事。因为你的“学习”速度实在是太快了，每次好不容易做出来的卡片，几秒钟就“闪”完了。如果说你是火箭，我们简直都不如拖拉机。

不过没办法，卡片可选择的余地比较小。另外，有一些卡片做工比较粗糙，有很多卡片附有一层亮光膜儿，容易造成反光，损害婴儿的视力，且有害婴儿的身体健康。有的卡片甚至还有毛边儿，上面附带着很细微的纸末，类似这样的卡片买来了妈妈也不敢给你用。为了亲爱的宝贝儿的健康，自己制作卡片，辛苦也值得。

在你6个月的时候，妈妈根据不同形式的“跟踪调查”发现，你的视力距离已经发展得很远了，很小的字也可以看得清。因此，我们开始直接给你“闪”书上的文章。

并且，在2—6个月的时间中，妈妈还陆续给你“闪看”过许多其他卡片，比如世界名画卡片、国旗卡片、百科卡片等。一样是采用看、讲结合的方式。

想想当时的你实在是太小了，小手儿伸出来都是颤颤巍巍的。因此，只能通过2选1的方式做选择游戏。但因为你每次选择的准确率都很高，所以，妈妈觉得你认识了妈妈教过的所有汉字和知识。即便这种方式并不能够准确地判断你的识字量和知识量，可妈妈就是相信你。我亲爱的宝贝儿！呵呵！希望你不要认为妈妈是偏执狂喔！妈妈只是更愿意把你当做最要好的朋友信任和鼓励你。

2.听觉能力——多听

至于听，当然也是从你出生的第一天开始的。每天当你吃饱睡足后，爸爸都会和你“聊天”，比如你睡觉的时候，爸爸会抱着你给你背些古诗。我们从医院回到家里后就开始了更“广泛”的交流，妈妈给你讲有趣的事、唱歌、念童谣、念古诗词。自夸一下哈，妈妈是个模仿力比较强的人，经常会模仿一些小动物的叫声给你听。婴儿天生就是游戏小公主、小王子，你们生来就喜欢玩儿。每次只要妈妈开始这样的游戏，你总是用快乐的神情和手舞足蹈的表演来表达你当时的心情。我们都需要保持新鲜感，因此妈妈背了许多儿歌、童谣和古诗词。恰巧妈妈也是个喜欢即兴发挥的人，所以妈妈用不同的语速、不同的语调、不同的方式念给你听。妈妈常将古诗用念儿歌的语调念给你听，将儿歌即兴改变

茜茜出生照片

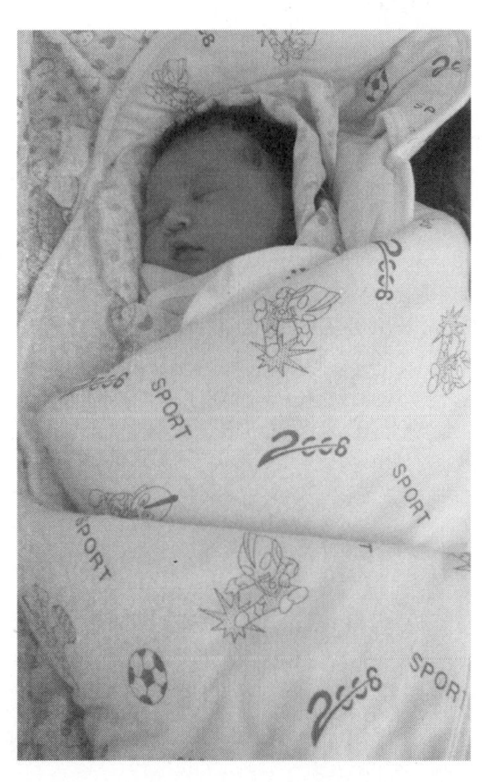

调子唱给你听，将童谣的内容稍加改变读给你听。这让我们彼此都觉得新鲜有趣。最重要的是，妈妈要让你知道单纯的死记硬背是枯燥无趣的，很多东西都是可以灵活运用的。这必然将对你以后的发展起到一定的帮助。

妈妈有个小小的引以为豪的事情，那就是在你出生后3个月内最繁忙的哺乳阶段，妈妈挤出时间不但背下了许多童谣，学会了一些儿歌，还将《三字经》这么长的文章全部背下来作为“摇篮曲”念给你听。这对要用大量时间照顾宝宝的妈妈来说确实有些不易。但这一切都值得。而且，我和你的爸爸也很享受与你共同成长、共同进步的过程。

聆听童谣

妈妈将童谣进行了选择，找出一些更富有意义的童谣念给你听。

比如，在你早上起床念的童谣：

太阳公公起得早，
他怕宝宝睡懒觉，
爬上窗户瞧一瞧，
咦？宝宝不见了！
宝宝正在院子里，
一二一二做早操。

有关描述动物的童谣：

燕子燕子飞得高，身上总带大剪刀，它为彩虹做衣裳，还为大地剪杂草。

蝴蝶蝴蝶你真漂亮，是谁为你做的花衣裳，能不能为我缝一件，再加上一对花翅膀。

门前大桥下游过一群鸭，快来快来数一数，二、四、六、七、八。

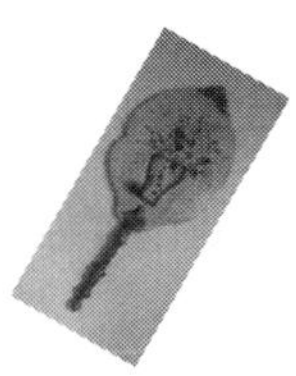

童话故事、成语故事

另外，妈妈还很喜欢给你讲故事。在你1个月大的时候，妈妈就买来了一些世界著名的童话故事书和成语故事书，每天讲一小段给你听。妈妈有时甚至会拿出怀孕前看过的有关旅游的小说念一段给你听。记得妈妈小的时候最喜欢听你姥爷讲故事了。那时，躺在父母的臂弯里听故事入睡是件多么温馨、幸福的事，妈妈多么想回到过去，重温那段难忘的时光。因此，妈妈更要珍惜和你——我最最亲爱的宝贝在一起的每一天，留下更多关于我们的美好回忆。到我们年老的时候，我和你的爸爸也会将这些珍贵的往事同你一起分享……

3.外语能力——英语

语言环境的营造

妈妈在怀孕的时候就开始为你营造语言环境了，那时妈妈每天都会看些英文节目，并会注重内容的选择。战争的、暴力的内容对胎儿不好，妈妈不看。妈妈最喜欢看的是有关美食、旅游、动物和探索类的英文节目。妈妈的英文并不好，但妈妈可以看下面的中文字幕，你来“听”英文解说。

你出生以后，妈妈经常会给你播放不同国家、不同语种的儿歌及英文童话故事。

记得妈妈小的时候，上过无数个英语班，但始终没能把这门语言学明白。这真是个痛苦的经历。妈妈时常想，要是会说话的时候，能像说母语一样自然

宝宝识英文单词

而然地说一口流利的英语，该是件多么好的事情。是的，妈妈的思维好像总是不受限制，总是异想天开地冒出很多让别人觉得不可思议的想法。我也不知道为什么会这样。也许是跟妈妈小的时候读过很多童话故事有关。

英国大哥哥亚当的到来

在你6个月的时候，妈妈又突发奇想，请来自英国的互惠生亚当哥哥在我们家生活一年。他有许多的爱好：阅读、写作、慢跑、唱歌，是个既开朗又绅士的大哥哥。他不会说中文，我们只能练习和他说英语。他很想用这一年的时间体验中国家庭的生活，学习中国的语言，品尝中国的美食，游览中国的名胜古迹。当然他还有一些家庭任务，就是每天照顾你的日常起居，带你遛弯儿、晒太阳，陪你玩耍，另外还做些简单的家务。你不但多了一个好朋友，我们整个家庭也有了浸入式的英语环境，妈妈甚至计划在未来5年内让家里一直保持至少双语的语言环境。我想这对家里的每个人的语言发展都是很有益处的，尤其是对你——我的宝贝儿！

宝宝听英文故事

亚当哥哥很喜欢给你讲故事，他讲的故事总是那么生动，表情丰富还加上许多肢体语言，简直是惟妙惟肖。因此我们买来了很多英文版的童话故事书，让他陆续讲给你听。不过因为你是婴儿，所以在他讲故事的时候，你总是喜欢爬到一边

儿玩你的玩具，偶尔才会瞄哥哥一眼，但这就是你——一个婴儿特有的接受事物的方式！

亚当哥哥用了几天的时间将200个英语单词“闪”给你看。你总是对新鲜事物那么感兴趣，对这些以前没见过的文字表现出强烈的兴趣。在玩选择游戏的时候，你的表现让亚当哥哥的表情变得更加丰富了，记得当时他张大了嘴巴，瞪大了眼睛，让这种夸张的表情停滞了好半天。而你也坏坏地、笑眯眯地看着他。你俩的表情，简直搞笑极了。

之后的日子里，亚当哥哥还用英语告诉你很多生活用品，一些几何体，数学算式，世界名画，甚至他还将化学元素表讲给你听。睡觉的时候，给你唱美妙的摇篮曲，而你也同样经常带给他惊喜。看到你们成为那么要好的朋友，我和你爸爸真是开心极了。

家庭的双语环境对你以后的语言帮助相信会很大，同时妈妈也在做更大胆的教育尝试。妈妈计划在未来五年中，找不同国家的外国朋友在家中生活，他们一定都要会讲流利的英语，除此之外还会他们自己国家的语言。总之，妈妈希望你能拥有更多不同的好朋友、不同的生活体验和更丰富的语言环境。

二、数学逻辑能力及空间能力的提前引导（数学游戏）

1.数学游戏理论依据

法国文豪雨果曾经说过："开启人类智慧宝库的钥匙有三把，一是数学，一是语言，一是音符。数学使人学会思维，语言使人获得知识，音符则使人富于幻想。"

数学是一门基础学科，它贯穿于我们生活的始终，甚至可以说是无处不在。它能够开拓人的思维，提高大脑的灵活性。培养宝宝的数学兴趣，能为他以后很多学科的学习打下很好的基础。

格伦·杜曼博士最伟大的贡献是让婴儿能学习数学和文字，他最有影响力的著作《如何教宝宝数学》轰动世界。他认为人的最佳教学时机是3岁以前。他还认为智能的基因是人类与生俱来的，但未经使用的智能基因是没有作用的，必须

经由思考，才能够积累智慧，而数学则是一种重要的思考方式。

其实对于数学，妈妈真的感触很深。妈妈对数学极不感兴趣，因此数学成绩也差到极点，小时候数学不及格是常有的事儿，及格就是创造了奇迹。妈妈甚至都怀疑自己是不是患上了数学“恐惧症”。也就是因为数学基础太差了，所以之后的学习中妈妈几乎对任何理科知识都不感兴趣。因此，在长大以后的生活和工作中，只要遇到跟数字有关的事情，妈妈都会感到头痛。就连到菜市场买菜，妈妈都经常算不明白到底应该付多少钱。对有关数字的记忆更是不清晰，数钱数好几遍也不能很好地记住到底是多少——绝对的数学弱智。

我可不希望我亲爱的宝贝儿和她“可怜”的妈妈一样。因此，从你出生第一天开始，妈妈就用游戏的方式提前引导，希望可以潜移默化地将它带到你的生活中，让你在不知不觉中对它产生兴趣。

2.数学游戏的方式、方法

想弄明白数学当然先要有数量概念，于是妈妈从你出生的第一天开始，就陆续将数量的概念通过卡片游戏的方式传递给你。前面曾提到从你出生的第一天开始，爸爸就给你看带有一个黑点儿的卡片，展示的同时向你说出“1”。之后按照数字的顺序每3天更换一张卡片，数量概念的提前引导就此以一系列的形式展开了。

数量概念的初识

在你0到6个月期间，妈妈还经常会给你念一些有关数字的儿歌，培养你对数字的兴趣。宝贝儿，你一定还记得这些儿歌：

1像钢笔细长条，2像小鸭水上漂，3像耳朵听声音，4像小旗风中飘，5像秤钩来卖菜，6像豆芽咧嘴笑，7像镰刀割青草，8像麻花拧一遭，9像小勺能吃饭，0像鸡蛋做蛋糕。

我说一,一、一、一，一张纸来一支笔，学习数学做练习，都要用到纸和笔；我说二，二、二、二，身上长着多少二，左右两边数一数，眼睛、手脚和耳朵；我说三，三、三、三，鲜红领巾胸前戴，三个角，三条边，我们人人都喜爱；我说四，四、四、四，眼前一张长桌子，四个角，四条边，用它读书和写字；我说五，五、五、五，五角星，亮晶晶，国旗上有五颗星，我是那颗小星星；我说六，六、六、六，六一节啊真快乐，唱歌跳舞做游戏，祖国花朵真幸福；我说七，七、七、七，一个星期有七天，星期天，不上学，做个好、好、好帮手；我说八，八、八、八，慰问军属老大妈，你扫地，我擦窗，大妈对我笑哈哈；我说九，九、九、九，九月十日老师节，尊敬老师有礼貌，人人夸我好宝宝；我说十，十、十、十，两只手上有手指，十个手指用处大，学习雷锋做好事！

……

在你两个月的时候，妈妈经常会拿苹果、梨、书、笔、玩具等各种各样的物品给你看，并告诉你对应的数量，让你“理解”数量的概念。

数字圆点儿“闪”卡游戏

在你2个多半月的时候，我们正式开始了玩各种“闪”卡的游戏，其中就包括数字圆点儿“闪”卡的游戏。

妈妈参照说明上的指导为你操作，但对于卡片的数量，妈妈是根据你的情况灵活掌握的。那时你的专注力非常高，每次给你看卡片的时候，你都表现得非常兴奋。因此，妈妈给你看的卡片数量相对多一些，每天3次，每次5至10张不等，每张控制在1秒之内。大概到你3个月的时候，妈妈给你“闪看”完了1—100的圆点儿卡片。

将所有的圆点儿卡片给你“闪看”完后，妈妈开始按照说明,给你“闪看”圆点算式。算式的数量也是根据你的情况灵活掌握，大约每天8—15道不等。

就这样到了你4个半月的那天，你不仅给了我们婴儿识字的惊喜，最不可思议的是，你也一样“领悟”了简单的算术。

这事儿要从你4个半月那天，你给我和阿姨的那次识字惊喜说起。当时我们用“二选一”的游戏方式测试了很多次，发现你每次都能抓对。后来，妈妈突然想到了之前给你看的数学卡片游戏。于是，我让阿姨抱着你，将数学游戏的卡片拿出来，以“闪看”卡片的方式给你“闪看”了一道“2+3”的加法题，然后给出两个答案让你选择。没想到你以很快的速度抓住了那张印有5个红点的卡片。后来妈妈又出了一道简单的混合运算题，你还是选出了正确答案。

之前每次向你展示卡片时，妈妈会同时对你说出对应的数字，因此，妈妈突然想到，是不是你只靠听也能理解数字题呢？于是妈妈不再出示卡片，直接向你口述了一道数学题，然后给你出示两张卡片让你选择。你居然还是很快地将小手伸向了有正确答案的那张卡片。我的宝儿呀！妈妈当时的心情真的无法用语言来形容！虽然妈妈之前一直以各种游戏的方式将文字和数学的知识传达给你，但你也仅仅是个 4 个月的小宝宝。我们从不敢想象你这么早就能懂得这

些知识，尤其是数学，那是需要很强的逻辑思维能力的。更不可思议的是，妈妈只快速地口述了一遍四则运算题，你就能在几秒内迅速得出答案，这是我们成年人都很难做到的。婴儿的大脑中真的是蕴藏着巨大的潜能。我们当时激动得真是想让自己平静都难啊！

可是我的宝儿，我们也不能永远都看着一堆点儿呀！这不是长久之计呀！毕竟我们长大了是依照阿拉伯数字算算术的呀，如果能将点儿转换成数字该多好呀！于是我们又开始了一项新的尝试。

3.从圆点到阿拉伯数字的转换

妈妈将1—100的阿拉伯数字用了三天的时间给你全部“闪看”完毕，然后用阿拉伯数字给你“闪看”了一些数学题。之后，妈妈开始给你出题，向你展示用阿拉伯数字写的答案，并用“二选一”的方式让你选择。结果发现你完全可以用阿拉伯数字进行“运算”。那次尝试让我们认为，教一个婴儿比教一个学生要容易不知多少倍，你好像能够从一些例题中寻找出其中的规律。这真的让我们觉得无比神奇。从那以后，妈妈开始了一系列的大胆尝试，我们也彻底脱离了使用说明中的固有模式。

4.数学游戏可加大难度

我们开始自己制作不同知识类型的“闪”卡，尝试着将一些例如开平方、立方、根号运算这样比较深的数学题以及平面、立体几何、单位换算，通过“闪看”加讲解的方式教给你。后来，在你6个月的时候，亚当哥哥来了，他还陆续将我们教给你的知识用英文讲给了你，并尝试将化学元素表通过“闪看”加讲解的方式教给你，效果都非常不错。

妈妈通过实践发现，越灵活的方法才越能激发出你的兴趣。一成不变的套路对于大人都会觉得枯燥，更别说对于时时需要新鲜感的婴儿了。我想不仅是小孩子,即便是成人也更喜欢在“玩”中学。在你5个月的时候,关于你会识字、算算术、识画和辨音的事情引起了媒体和专家的关注。

妈妈也很希望专家们能够给出关于婴儿潜能开发方面的一些具体理论，但很遗憾，即便在记者及专家的多次测试中你都有很高的准确率。但也没有专家可以断言你真的会算算术。

宝宝在中科院

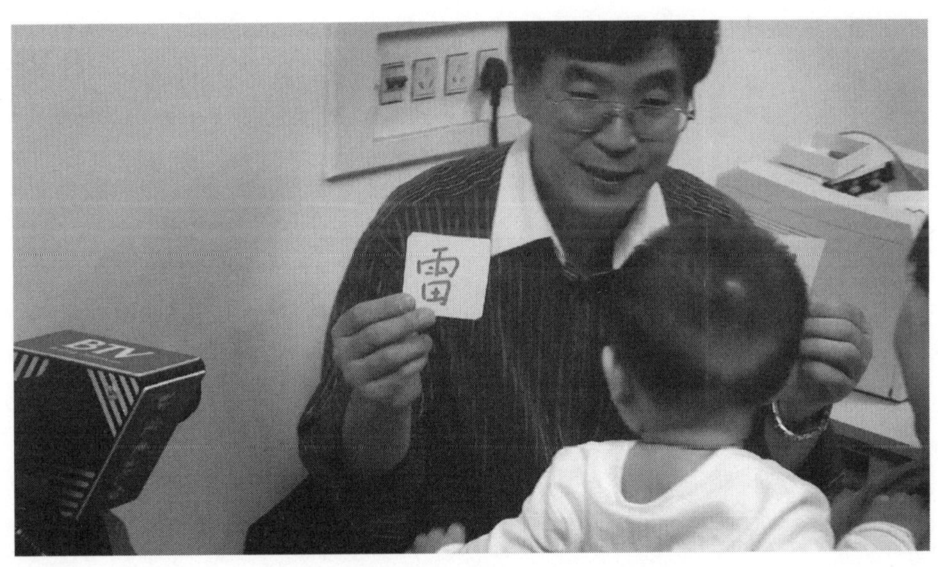

首先，现阶段的研究不能确定婴儿阶段能够拥有逻辑思维的能力。其次，科学的发现需要大量的理论依据来证明，而不能仅仅靠一些“二选一”的游戏得出结论。妈妈明白这个道理。毕竟婴儿不是普通的小动物，研究的难度一定是很大的。

一些网友质疑，是妈妈做了一些暗示，所以你才能够抓对答案。妈妈感到很无奈，还是那句话，欺骗是很无耻的，扯上孩子制造谎言，那更是无耻到了极点。以牺牲宝贝儿一生的幸福来满足个人这点儿莫名其妙的虚荣，我想那样的妈妈不是傻子也是疯子。但妈妈也很理解这样的想法，如果妈妈没有这样的经历，对这样的事情也一样会很怀疑。妈妈突然想到，如果三国时期的诸葛亮要是见到一把手电筒，没准真能吓个半死。

记得我们带着你到中科院，尹文刚教授同在场的人说了一句话让妈妈印象很深：“客观存在的现象未必都能用现有的科学进行很好的解释，未知的东西未必都是迷信和谎言。”是的，从古至今哪一次科学的论证不是经过大量反复的观察、研究才能取得严谨理论的呢?

三、精细动作的锻炼

育儿资料中曾提到："精细动作是宝宝运用手，尤其是手指的操作能力，而这种能力的本质，就是手——眼——脑的协调能力。3岁前，是宝宝精细动作能力发展极为迅速的时期。良好的操作能力是一种基本的素质，是学习任何一种特殊技能的前提条件。操作能力的高低，往往决定着宝宝将来学习种种技能的快慢、准确性与牢固程度以及能够达到的水平。"

1.茜茜各阶段精细动作发展状况

你出生的第6天，妈妈在给你洗完澡后进行全身的抚触，这其中包括了手部的按摩。不仅如此，亲爱的宝贝儿，也许你早就知道妈妈是个喜欢"顺便"做事的人。你是一个婴儿，每天需要花大量的时间照顾你，如果很多事情都一件件分开刻意去做，不仅费时费力，更会让大人感觉难以坚持。"顺便"的概念就不同了，做起来很随意，能提高效率、事半功倍。

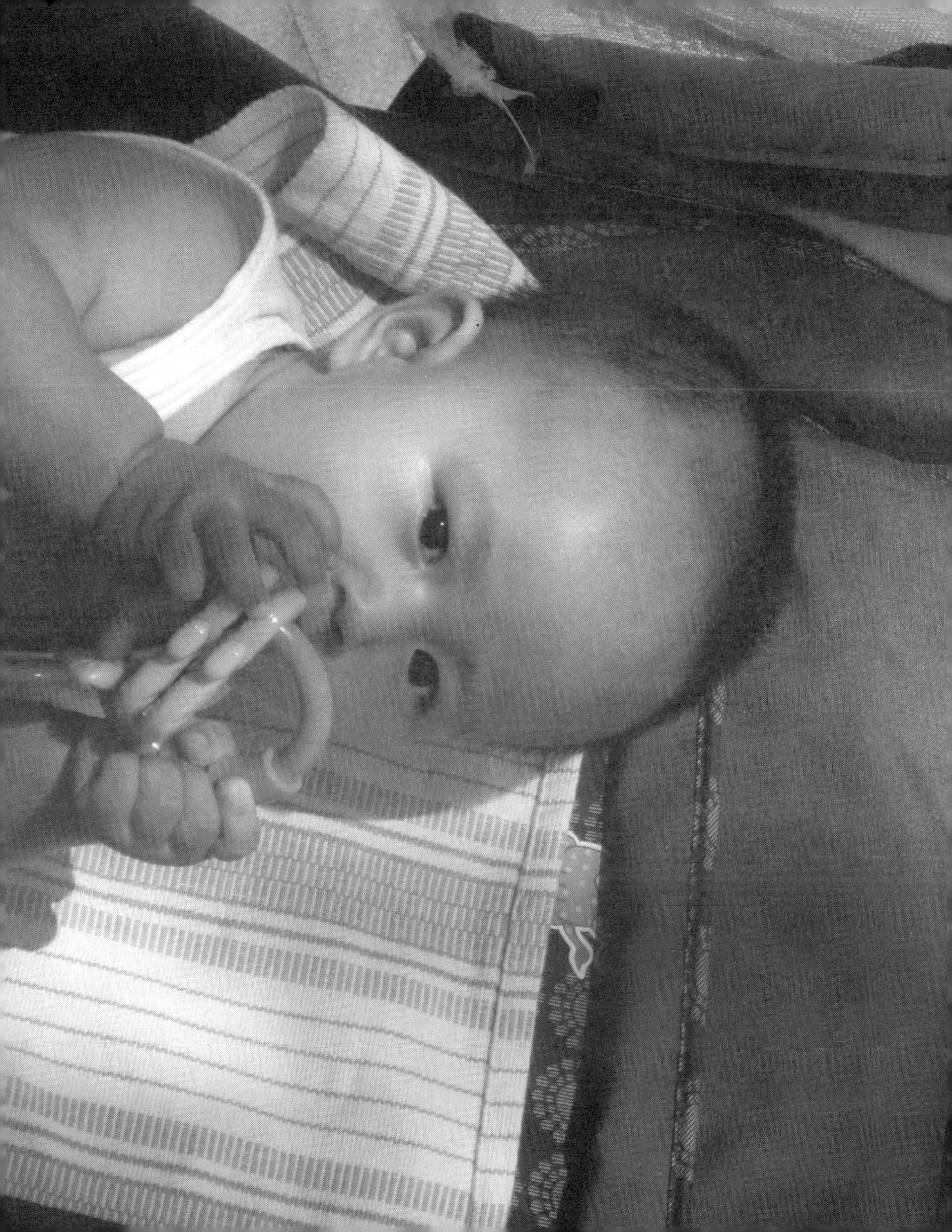

对待按摩也是一样，妈妈习惯在给你哺乳的时候，顺便给你进行耳朵和手指的按摩。妈妈将你侧抱在怀里哺乳，先按摩你一侧的耳朵和手指，等你吃完一侧的母乳后，再将你换向另一侧哺乳，并按摩那一侧的耳朵和手指。就这样，妈妈每天轻轻松松、简简单单地给你做个2—3次，每次做个几分钟。

妈妈依照育儿资料上推荐的方式，给你按摩手指的背部、腹部及两侧，以及指尖。指尖上布满了感觉神经，是感觉最敏锐的部位，按摩指尖能很好地刺激大脑皮层的发育。

在你1个月的时候，妈妈将小摇铃、茶道杯、小硬币等各种不同材质的东西放到你手里，让你摸一摸，同时将摸到的东西讲给你听。那时，你对自己的手似乎没有太多认识，总是紧紧地攥成小拳头。但妈妈会轻轻地用两手抚摸你的手背，你的小手就会逐渐放松，慢慢舒展开来。然后，妈妈再将物品放到你的手上，让你体会一下它的手感。那时，你总是刚一碰到物品就又攥紧了拳头。

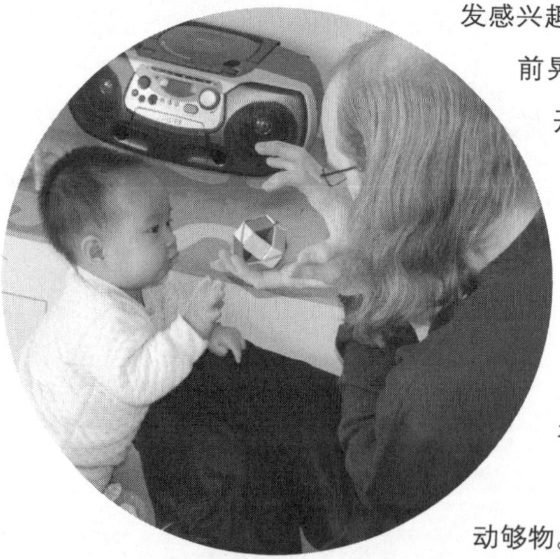

在你2个月的时候，你真的是对自己的小手越发感兴趣了，总是将自己的小手举到眼前晃来晃去，反复“观察”。妈妈开始将小摇铃、水彩画笔等一些容易抓握的东西放到你手里，给你练习。妈妈还经常将手指放到你的手中，等你抓住后再转动或抽出。这些小方法都是妈妈怀孕的时候在育儿资料中了解到的。

在你3个月的时候，你开始主动够物。

在你4个月的时候，我们玩选择游戏，你

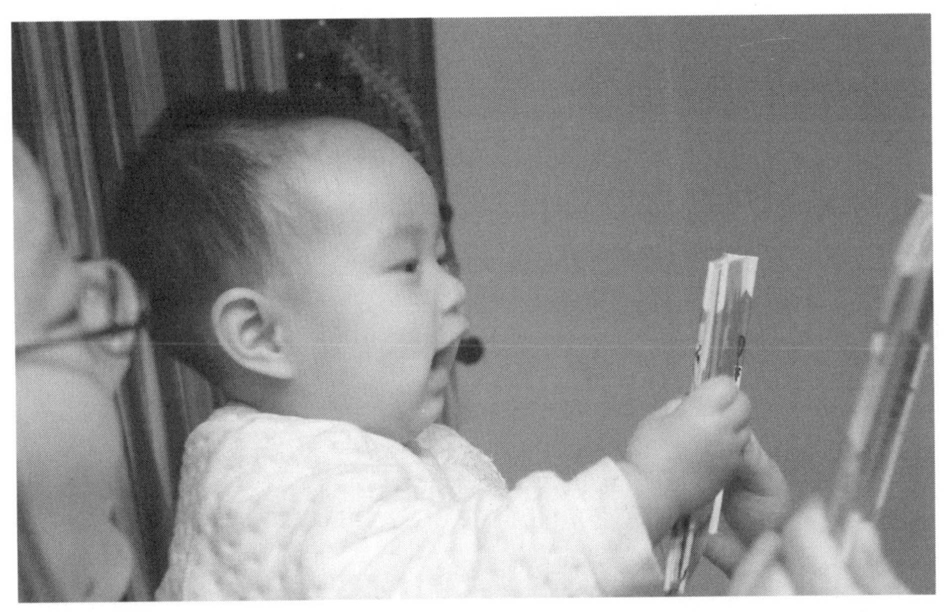

总是会用手准确地抓住正确的卡片或者对应物品。

7个月的时候，妈妈会在你吃饭的时候，将馒头撕成很小的块儿，放在你的小餐桌上，让你自己取来吃。

8个月的时候，你能很好地对捏很小的物品，小手拿物也更加稳了。妈妈还尝试让你自己拿水果吃。比如，给你吃香蕉的时候，妈妈会给你穿上小罩衣，把香蕉剥开一些递给你，让你自己拿着吃，并不时将香蕉换到你的另外一只小手上让你练习。香蕉是很细腻、柔滑的水果，好吞咽。但是，让只有8个月大的婴儿自己吃香蕉，一定是需要妈妈时刻盯着，马虎不得的。毕竟，你还很小，不能够很好地掌握量，咬下一大口很容易噎到。所以，妈妈必须要在一旁及时帮助你调整你的动作幅度。

妈妈的细心是重要的前提，在锻炼婴儿动作能力的时候更是如此，足够细心才能很好地保证婴儿的安全。在这个基础之上，让你进行一些尝试，我想有利于你动作能力更好地发展。

2.婴儿各阶段精细动作参考表

月　份	婴儿各阶段发展状况
1个月	抓握反射，触碰手掌，会紧握拳头
2个月	能够有意识地抓，可以维持一段时间
3个月	抓握时间加长，两个小手会搭在一起
4个月	够取悬吊的玩具，见物就伸手并朝物体接近
5个月	能够抓住近处的玩具
6个月	够取小物体，扔掉再拿，有最初撕纸的动作
7个月	可以把类似葡萄干大小的东西拿到手里，可以把积木换手
8个月	可以用3个手指拿起药片大小的物体
9个月	能够对捏
10个月	能很准确地拿起小药片或者小的颗粒物
11个月	用手把纸掀开，找到用纸藏起来的小积木
12个月	全掌握笔，留笔道

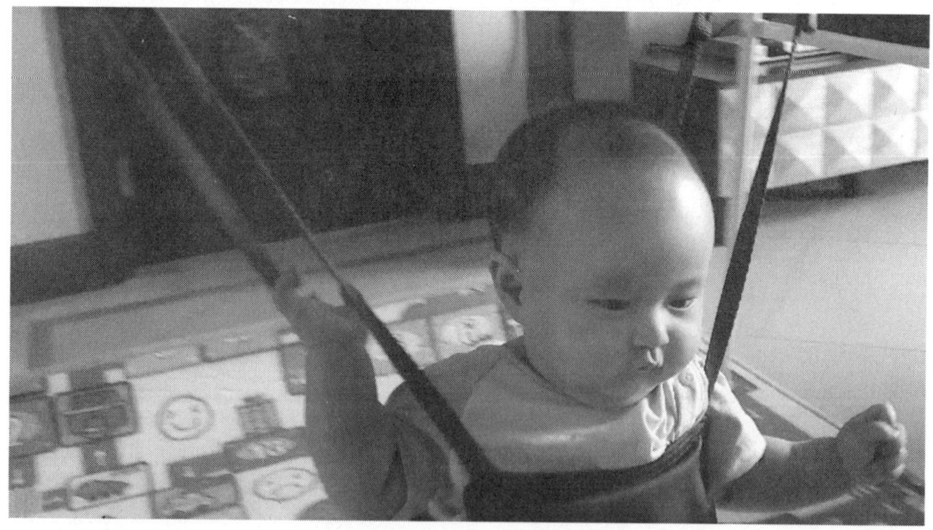

宝宝玩跳跳乐

第二章　性格能力的提前引导

1980年，卡斯比教授同伦敦国王学院的精神病学家对1000名3岁幼儿进行了面试，每名幼儿都被问了22个行为特点方面的问题。根据面试结果，这些幼儿被分为充满自信、良好适应、沉默寡言、自我约束和坐立不安5大类。

2003年，也就是当他们26岁时，卡斯比等精神病学家再次与他们进行了面谈，并且对他们的朋友和亲戚进行了调查。结果如下：

当年被认为“充满自信”的幼儿占28%。小时候他们十分活泼和热心，为外向型性格。成年后，他们开朗、坚强、果断、领导欲较强。

40%的幼儿被归为“良好适应”类。当年他们就表现得自信、自制，不容易心烦意乱。到26岁时，他们的性格依然如此。

当年被列入“沉默寡言”类的幼儿占8%，是比例最低的一类。如今，他们要比一般人更倾向于隐瞒自己感情，不愿意去影响他人，不敢从事任何可能导致自己受伤的事情。

10%的幼儿被列为“坐立不安”类，主要表现为行为消极，注意力分散等。如今，与其他人相比，这些人更易于对小事情做出过度反应，容易苦恼和愤怒。熟悉他们的人对其评价多为：不现实、心胸狭窄、容易紧张和产生对抗情绪。

还有14%的“自我约束”型幼儿长大后的性格也和小时候一样。

卡斯比教授指出，3岁幼童的言行能预示他们成年后的性格。父母和幼儿园老师务必认真对待小孩子的所作所为。不过，他也承认，一个人的性格到成年后又改变的情况的确存在，父母的抚育和教育方式，以及社会环境的变化对一个人的性格都会产生一定的影响。

我国近代著名爱国将领朱庆澜先生，对早期教育亦有真知灼见。他说：“孩子生下来好似雪白的丝，在家里养活6年，好似进入第一道染缸；6岁进入学堂，好似进入第二道染缸；20岁以后出了学堂，到世界上来同人办事，好似进入第三道染缸。”他认为关键是“第一道染缸”。“第一道染缸”打上“红底子”，以后再受到好的教育和影响，人就会变成“大红”、“朱红”。即使是后来受到不良的影响，“红底子”也不会很快变化。假如“第一道染缸”染成了“黑底子”，以后就是受到好的教育和影响，原来的“黑底子”也很难褪去。朱老先生的“三道染缸”理论形象地说明，一个孩子6岁以前安装的软件，能关系到孩子今后一生。

中国的朱先生和英国的卡斯比教授虽然生于不同年代、不同国度，但他们对人性格“基本定型”的年龄、早期教育的作用和意义的理论确有异曲同工之妙。

“三岁看大，七岁看老。”中国的父母都知道这个理儿，可是真正躬行的却不多。因为他们心里大多有这样一个误区，也可以说是有两个“担心”：一个是孩子太小，不懂事儿，告诉他们什么也不会往心里去，担心白费劲；另一个是有的父母，甚至还有怕把孩子脑子累坏了的担心。实际上不是这样。人的脑神经细胞大约有140亿个，其中70%—80%是在3岁前形成的。小孩到了6岁时，脑重量就能发展到1250克，达到成人的90%，基本接近成人脑重量。

美国著名心理学家布鲁姆曾做过对近千名儿童从出生一直到成年的追踪研究，结果表明：5岁前为智力发展最为迅速的时期，如果把17岁的智力水平看做100%，4岁前就获得了50%，还有30%是在4至8岁间获得的，剩余的20%则在8至17岁间获得。由此可见上述的担心是没必要的。

引用一个故事及一段评价

一天，一个牧师正在准备讲道的稿子，他的小儿子却在一边吵闹不休，牧师无奈，便随手拾起一本旧杂志，把夹在里面的一幅世界地图扯成碎片，丢在地上，说道："小约翰，如果你能拼好这张地图，就奖励你。"

他以为这样会使小约翰花费上午的大部分时间，不会再来影响他工作。但

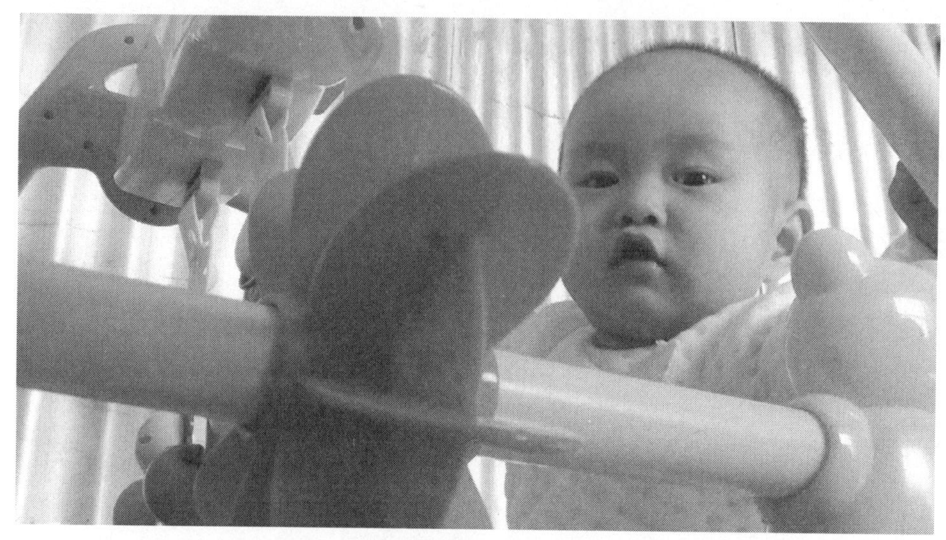

是没过去10分钟，儿子就来敲他的房门。牧师看到小约翰手里拿着拼好的地图，感到十分惊奇：“孩子，你是怎么拼好的?”

小约翰说：“这很容易，在另一面有一个人的照片，我就把这个人的照片拼到一起，然后就把它翻过来。我想如果这个人是正确的，那么，这个世界也就是正确的。”牧师给儿子奖励了2角钱，满意地说：“你替我准备了明天讲道的题目：如果一个人是正确的，他的世界也就会是正确的。”

这个故事虽小，却道出了人生的一个真谛。所谓一个人的正确，除了正确的人生观和世界观，还包括人的良好性格。如

果你的性格是健康的，你的人生也会是快乐幸福的；如果你的性格是病态的，那么你的人生也会是痛苦的、忧伤的。如果你想改变你的世界，创造你的辉煌，就必须改变你不良的性格。

我最亲爱的宝贝儿，性格会影响人的一生，人生是否有很强的幸福感，很大程度上取决于一个人是否有良好的性格。因此，是否能够拥有一个完美的性格比潜能的开发更为重要。

一、专注力和好习惯密不可分

我亲爱的宝贝儿，吃喝拉撒睡是一个人最基本的能力，如果婴儿期你就能认真地对待这些事情，我想以后也一样能专注地做其他事情。经常有家长这样抱怨：

“这孩子特挑食，这也不爱吃，那也不爱吃，我们换着法儿地做，然后还得跑着去喂，真是累死人了！”

——一个2岁孩子的妈妈

“我的孩子无论严寒、酷暑总是喜欢上外面吃饭，怎么跟他说都不听，不带出去吃就跟你闹个没完，直到我们投降为止。夏天还好说，能找个阴凉地儿，关键冬天的时候受不了呀！”

——一个1岁孩子的奶奶

“她妈花了好多钱，买了不知道多少玩具，可每次他都是玩上

一会儿就不喜欢了。他妈还得不断地买，家里都放不下了，好多都堆到储藏室里了。”

——一个2岁孩子的阿姨

“这孩子真奇怪！你越不让他做什么，他就越要做什么，你要说他还跟你急。”

——一个2岁孩子的姥姥

“这孩子睡觉昼夜不分，白天呼呼大睡，夜里贼精神，又吃又闹，脾气也不好，天天弄得我们筋疲力尽，现在我们都害怕过晚上了。唉！真是陪不起他了。我们也用了很多方法，但是改不过来呀。估计这孩子天生就这德行。”

——一个1岁多孩子的家长

“我家孩子晚上睡觉必须得大人抱着摇来摇去，幅度小了不行，跟你叫唤。他最喜欢这样摇（演示）……晚上要是醒了还得这样摇，关键是晚上我哪有精力摇他呀？”

——一个1岁孩子的妈妈

“这小家伙，每次玩完的玩具扔得到处都是，我们在这边收，他在那边还扔。”

——一个3岁孩子的妈妈

是呀，业已形成的习惯又怎么可能说改就改呢？这又能怪谁呢？难道孩子的坏习惯不是在大人的影响下潜移默化而形成的吗？我们是不是应该先检讨一下自己呢？等习惯形成以后再去改正，不仅需要付出很长时间和极大的耐心，对孩子来说也是痛苦的过程，关键是，结果是否令人满意也得另说。

好习惯是培养专注力的前提。有谁不希望自己的孩子能够自觉地睡觉，认真地吃饭，主动做自己力所能及的事情呢?

所以，亲爱的宝贝儿，妈妈不希望通过上面的方式“锻炼”自己的体魄和厨艺，也不希望我亲爱的宝贝儿“天生就这德行”。妈妈希望你成为一个生活有规律的人，该吃饭的时候认真吃，该睡觉的时候认真睡，不挑食，不任性，有良好的生活习惯。如果我们连吃饭这项最基本的生存技能都如此认真地对待，很难想象以后还有什么事情是不能专注完成的。

妈妈在你很小的时候就对你的习惯进行了提前引导，因此，你在出生1个月的时候就能够分出黑天白昼，晚上睡大觉。你6个月大的时候吃饭不再挑食，晚上睡觉不需要大人抱哄，放在床上自己玩一会儿后自然入睡，一觉睡到天亮。

妈妈给你买了一些玩具，虽然不算很多，但只要有时间妈妈就会和你一起玩儿。妈妈可不想只当旁观者，我们是最要好的朋友，所以好玩儿的东西我们要一起分享。妈妈用“钟表娃娃”和你玩看表的游戏；用套杯和你玩认大小、看色彩的游戏；用指偶儿给你讲森林故事；用塑料球和你玩传递游戏。

亲爱的宝贝，我们从不认为只有“玩具”才能称之为玩具，家里所有的东西都能成为我们的玩具。我们将柚子皮剥成半圆形当做我们的帽子，并互相带在头上照镜子；拿白纸尽情地撕；将刮完果肉的半个苹果壳当成小碗倒入些水抱着喝；用茶道杯一起“干杯”……妈妈欣喜地发现，这样的玩具让你更觉得新鲜有趣。周末的时候，我们还和外公外婆、亚当哥哥一起玩唱歌跳舞的游戏。我们每次都玩得开心得不得了。因此我想，你的性格开朗又活泼，和这些游戏形式不无关系。

1. 有关吃喝——养成认真吃饭的好习惯也是对专注力非常好的培养

好习惯的养成

宝宝的毛病都是大人养成的，吃饭就是个很好的例子。

“宝贝儿，来！吃一口这个，有营养，咱们长大个儿……”“来！再吃一口这个，这个是西兰花儿……”“香不香？……”

“拿着，宝贝儿！（将玩具递到宝宝手上），我们好好儿吃饭了哈。”

“宝宝10个月了，每次吃饭我要么抱着他，要么让他坐在我的腿上喂他，可换成什么姿势，他也不好好吃，愁死人了！”

…………

这样做的家长想必不在少数。餐餐这样唠叨，日积月累，等孩子长大点儿了，要是不边喂边唠叨，孩子还真容易吃不下去了。

从小就拿着玩具吃饭，日积月累，等孩子长大了，不玩玩具都觉得食物咽不下去。注意力都被分散了，还怎么好好吃饭呀?

能坐的时候不早些让宝宝养成坐餐椅的习惯，等宝宝长大了，大人就只能追着宝宝满世界跑着吃了。

所以，请不要责怪宝宝不听话、难伺候，实在是因为大人伺候得太“周到”了，剥夺了他们的基本能力。

吃是人的第一生理本能，连吃饭都不能专心的孩子，做其他事又怎能集中注意力呢?

因此，我亲爱的宝贝儿，为了你以后能够专心地吃饭，妈妈需要进行提前引导。要不然等形成习惯了再改可就难了。

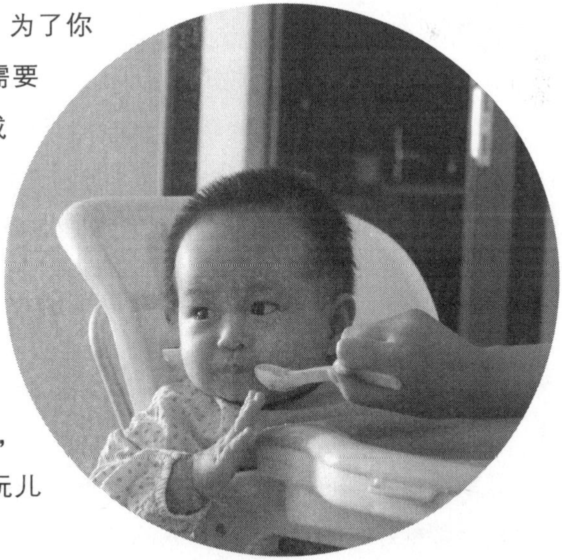

吃饭就是吃饭，我们吃饭会定时、定量、定地点，并且你要自己拿着东西吃。妈妈在喂的时候不需要说话，旁边也不需要有其他人关注，当然你更不可以拿着玩具边玩儿边吃。

你在6个月的时候就能够坐得比较好了。因此，开餐前妈妈会把你抱到小餐椅里，扣上安全带，穿好小罩衣，将准备好的食物拿到你面前，告诉你这一餐我们都会吃哪些东西，然后妈妈开始喂你。

在喂的过程中妈妈不会同你说话，除非你不小心打翻了已经到了嘴边儿的小勺儿，妈妈才会提醒你："坐好了宝贝儿，认真吃。"妈妈甚至不让旁边有任何人观看你吃饭，因为他们看着看着总会想逗你几句，并且也容易分散你的注意力。另外，在你吃饭的时候妈妈从未让你拿过任何玩具，所以，你也一直没有这样的坏习惯。

在你7个月大的时候，妈妈开始尝试让你自己抓一些东西吃。于是每逢你的餐点中有馒头，妈妈都会撕成一些小块儿放在你的小餐桌上，让你自己练习抓着吃。虽然刚开始你总是吃得身上椅子上到处都是，但妈妈看得出你是很认真地在"学"。另外，这也是对肢体协调能力很好的锻炼。所以，妈妈绝对支持你，让你做自己力所能及的事情。

培养出不挑食的宝贝儿

妈妈可谓真正意义上不挑食的人，吃得那是相当的广泛，只要是食物，妈妈都喜欢吃。连阿姨都说，我是她见过的最不挑食的人。妈妈从不将不同的食物拿来比较，比如，什么地瓜比土豆好吃啦，芋头比山药好吃啦，哈密瓜比西瓜好吃啦，螃蟹比虾好吃啦，等等。妈妈认为它们本就是不同味道的食物，土豆就是土豆味儿，地瓜就是地瓜味儿，不同味道的食物有不同的口感和营养价值，没什么好比较的。

又或是这人做的饭比那个做的饭好吃，这类的，妈妈可不觉得。妈妈觉得谁做的饭都挺好吃的，只是每个人的方式方法有些区别，所以味道不同，但一

样各有各的特色，所以更是没什么好比较的。所以，家里所有人都最喜欢给妈妈做饭了，因为无论他们做什么，都会得到妈妈衷心的称赞。妈妈可不是为了奉承他们，是因为都很好吃。

由于我和你的爸爸比较注意饮食健康，太咸、太油的食物我们不吃。另外，含有一堆添加剂的零食和饮料我们也不碰。我们家永远有一些坚果和新鲜的水果，我们的饮料是水和茶。所以，就算以后你长大了，也不可能在家里找到其他的零食。

不过，亲爱的宝儿，妈妈的确也有个坏习惯，妈妈喜欢冰淇淋。它的确含有很多添加剂，但妈妈有时无法抵制它的诱惑。这是妈妈吃的唯一的零食，但也并非经常吃，还是很有节制的。嘻嘻！亲爱的，不要笑话妈妈哈。

妈妈也希望你和我一样成为不挑食的人，那样我们才能摄取更全面的营养，有更多体验美食的机会。另外，就像外婆说的，这样的人比较好养活嘛！

在你4个月的时候，我们开始给你逐渐增加辅食。刚开始加辅食的阶段你可真的是很难“伺候”喔。我想是因为你对新添的辅食味道不适应，所以很多食物你都不愿多尝一口。你不爱吃豌豆泥，不爱吃南瓜泥，几乎所有小婴儿都喜欢的鲜榨果汁你都不愿喝一口。你就只能接受单一味道的米粉，此外还有玉米泥儿和苹果泥。

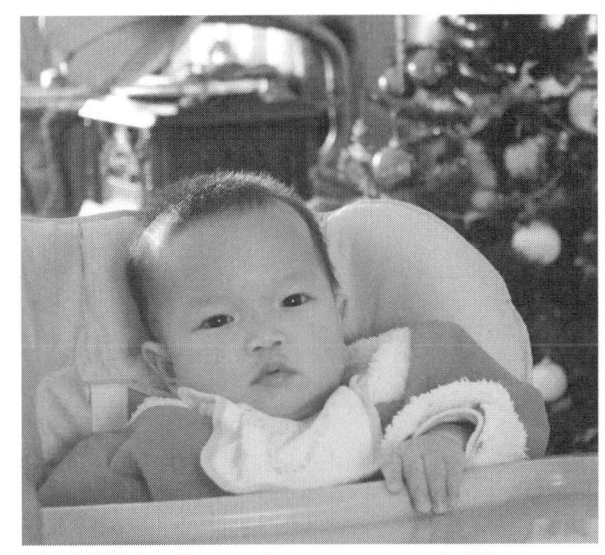

亲爱的宝儿！这哪行呀？你怎么没有继承妈妈的“优良传统”呢？如果这样继续下去，你以后一定会成为一个挑食的宝宝，更可怕的是没准这个坏习惯会持续一生，那对你的健康是多么不利呀。妈妈想，趁着刚加辅食的阶段，改还来得及，等到形成挑食的习惯了，再改可就难啦。于是，妈妈又开始对你的饮食进行引导。

这么小的婴儿怎么能引导饮食呢？难道他们越是不喜欢吃就越要让他们吃吗？这个妈妈真是吹牛不上税呀！有这样疑问的人一定很多。

妈妈本来就是个喜欢“异想天开”的人喔！妈

妈相信只要通过细心的观察，再加上适当的方法，就没有什么毛病是改不了的。我没听说过哪个成年人能改变自己的性格和习惯，但我却听说过不少的小孩儿在成长中变化很大。尤其对于这么小的婴儿，相对于已经形成习惯的孩子和大人，改变更是容易许多。当然方法很重要，他们可不能容忍强迫的方式。

于是，在之后的日子里，妈妈开始了对你饮食的引导，妈妈在你每次吃饭的时候都会拿出你不爱吃的东西，在你面前“大吃特吃”，吃的时候还由衷地发出赞叹。比如吃豌豆泥的时候，妈妈吃下一大口然后对你说：“哇！怎么这么香啊，好浓郁的豆香味儿呀，还有一点儿甜甜的味道，真是越吃越香呀，妈妈太喜欢吃豌豆泥啦！”然后妈妈会继续吃下好几口，吃完再给你描述它有多么的美味。吃了很多口，说了很多遍之后，妈妈用你的小勺挖出一点儿，然后问你：“宝贝儿，你想尝尝吗？看是不是和妈妈说的一样呀？”之后给你尝尝它的味道。但只要你仍表现出不喜欢，妈妈就会停止再喂，继续让你看妈妈吃，妈妈可不希望把宝贝儿给弄厌食了。这招刚开始不是很见效，但是妈妈对你就是有坚持不懈的精神。之后，只要在你吃饭的时候妈妈就会在你面前“大吃特吃”。想想那段时间妈妈真是吃了不少的婴儿食品，从不同口味的婴儿米粉到婴儿面条儿，从蔬菜泥到各种鱼泥，从各种水果到鲜榨果汁，简直都成了给我买的了。

就这样，妈妈在你面前吃了足足有一个半月的婴儿食品。在这个过程中，

你也逐渐地接受了不同口味的食物。到了你6个月的时候，你的饮食习惯简直就像跟妈妈一个模子里出来似的，只要是放到你嘴边的食物就没见哪个是你不爱吃的。我的宝儿！你终于成功晋升为不挑食的小婴儿啦！

2．有关拉撒：

在你6个月的时候就可以坐得比较稳了，因此，妈妈给你买来了宝宝坐便，此后你便不再需要大人把着解决屎尿问题。每次你都笑嘻嘻，一副自信的样子，自己把着马桶的小扶手解决厕事。注意力不被分散，才能专注地做好事情，所以，这个过程中妈妈也一样不让其他人在你周围“围观”。

每一个宝宝都是聪明勤劳的小天使，他们何尝不喜欢自己能做的事情自己做？这能让他们更加自信。

亲爱的宝贝儿，妈妈因为太爱你了，所以相信力所能及的事情可以由你自己完成，那有助于你更好地养成良好的习惯。因为太爱你，所以妈妈坚决不会溺爱你，因为那对于你的成长千害而无一利。

你虽然很小，但有权拥有属于自己的能力。妈妈虽然大，但绝对可以成为你最知心的朋友。妈妈不希望她最亲爱的宝贝儿到了3岁还不会自己吃饭，4岁还同父母睡在一个屋，5岁还不会擦屁股。如果那样，我想你到了6岁一定还不会整理自己的房间，7岁还不会自己洗袜子，15岁了还很任性，18岁了还不会煮饭，20岁了也不会很好地照顾自己。这不是很可怕的事吗？妈妈会因为这样的过错自责一辈子的。

3. 有关睡眠：

良好的睡眠对于宝宝的成长是很重要的，觉都睡不好，白天哪有充沛的精力、体力和耐心去玩儿呢？妈妈觉得规律的生活应该先从规律的睡眠开始。

你的睡眠很有规律，尤其体现在晚上。在你出生1个月后，只要到了晚上8点半至9点这个时间段，妈妈就会为你营造尽可能好的睡眠环境。我们关上房门，拉上窗帘，让屋子里保持安静。妈妈打开柔和的台灯，播放轻柔的背景音乐或者给你背《三字经》和儿歌，用这样的方式帮助你良好地入睡。等你入睡后妈妈会将台灯关闭，打开LED星空灯，因为那时你还太小，妈妈晚上需要借助一点儿光亮检查你的呼吸状况。很快你的晚间睡眠便很有规律，到点儿就会犯困。

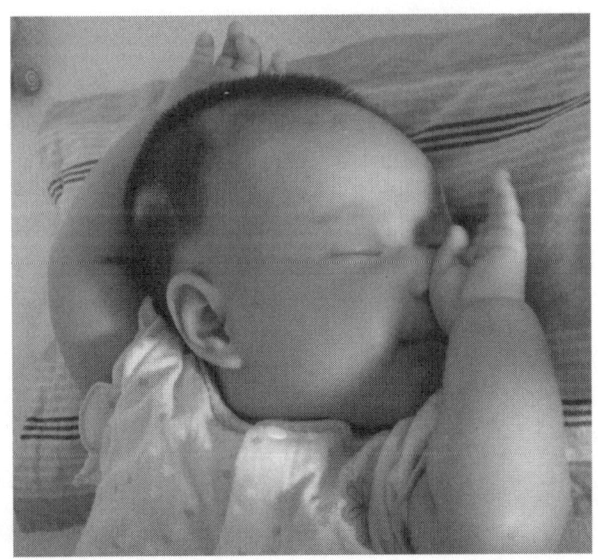

从你出生的第一天开始，每逢你早上醒来的时候妈妈就会拉开窗帘，然后告诉你天亮了，现在是早上，宝贝儿该起床了。妈妈会为你念上一段“太阳公公起得早，他怕宝宝睡懒觉，爬上窗户瞧一瞧，咦？宝宝不见了，宝宝正在院子里，一二、一二做

早操”。晚上睡觉前，妈妈会关上房门和大灯，保持室内的安静，打开小灯，然后告诉你现在是晚上了要准备睡大觉了，抱着你给你唱“小星星”。妈妈不知道那时你是否真的听懂了这些“唠叨”,不过妈妈想反正早晚有一天你能听懂，这就足够了。

就这样到了你1个月的时候，虽然夜里仍需要哺乳，但我们明显发现你晚上睡觉的时间比白天要长。你到了4个月的时候，经常是夜里连母乳都懒得喝了，一觉睡到大天亮，你觉得再美的食物也没有一气呵成的大觉来得痛快。

记得在你3个月的一个晚上，妈妈给你做完抚触后把你放到床上和爸爸一起玩，爸爸当时正在床上看书，他把你放在了他的臂弯里，以免你掉在地上。过了十多分钟，爸爸突然意识到屋子里好安静，低头一看你居然在他的臂弯里睡着了。

爸爸将这件事情告诉了妈妈，妈妈听了之后好开心，因为这是你第一次没有让人抱着入睡。后来每天晚上睡前妈妈都把你放到床上，让你自己玩，妈妈安静地在旁边观察，看你是不是能够自然入睡。但发现你每次玩累了还是会哼哼唧唧的，意思是“妈妈我要你抱我睡”，每到这时妈妈才会抱着你入睡。不过妈妈没有因此放弃喔!

在之后的日子里，妈妈还是会每天晚上让你睡前自己在床上玩，直到你发出要人抱的“信号”，再抱你入睡。就这样又过了一段时间，你自然入睡的次数逐渐增加。你到了5个月的时候，晚上经常可以自然入睡；6个月后，基本每次都能自然入睡。亲爱的宝贝儿，自然入睡不仅让父母省了不少事儿，最重要的是，良好的睡眠习惯既能使你的生活有规律，也有利于自立精神的培养，我想这对于你的成长将大有好处。

4. 有趣的小插曲

在你的成长过程中，每到一个阶段都会有些不同的变化。记得在你7个月的时候，妈妈发现你白天睡觉前无论用什么方式哄你都会哭闹，但是晚上睡觉还是跟以前一样可以自然入睡。妈妈当时很纳闷，之前你睡觉前是从来不哭的。

妈妈给你测了一下不同的时间的体温，发现你有时体温正常，有时会略有升高，小脸蛋时常红红的，口水也比以前多了，也比之前更爱啃咬玩具。但你的精神状态相比之前并无太大变化，只是有时玩得正开

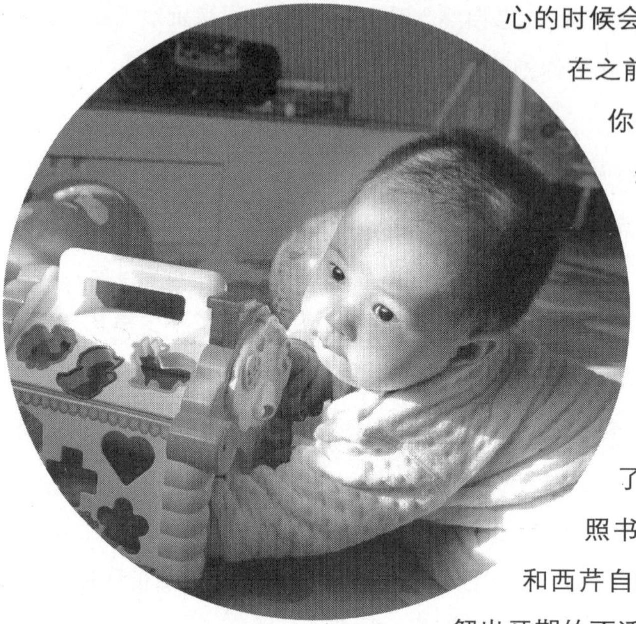

心的时候会突然有短暂的哭闹。这在之前从来没有过，妈妈害怕你是不是得了什么病，很是担心，于是马上到网上和书上查了一下。妈妈查到你的这些情况和婴儿出牙期的表现很相似。

后来，妈妈给你拿了根婴儿磨牙棒，并且依照书上的方法，还用胡萝卜和西芹自制了磨牙棒来帮助你缓解出牙期的不适。妈妈发现这些方法果然见效，玩的时候你不再莫名其妙地哭闹了。

但没有改变的是，你白天仍然会在入睡前闭着眼睛号啕大哭，直到哭得累了才睡去。妈妈用了各种方式哄也不见效，看着你的样子妈妈真是揪心极了。妈妈知道经常大哭后入睡对孩子是非常不好的，而你以前从来不会这样，一定有妈妈没找到的原因。

于是妈妈马上又去网上搜索了一下，看到很多种情况会导致婴儿睡前哭闹，其中有一条说到宝宝越大就越贪玩，如果在他们已很困的时候才哄他们睡，就比较容易“闹觉”。

妈妈觉得有可能是这个原因，因为每次哄你睡觉的时候你总是表现出困得不行的样子闭着眼睛哭。此后妈妈就观察你，在你表现出困意的时候给你换个安静的环境，避免过度兴奋，让你慢慢安静下来然后再哄你入睡。这个方法对你非常有效。

婴儿不能用语言来表达自己的想法，只能靠父母的细心观察去及时地发现问题、解决问题。

二、音乐智能的引导

美国哈佛大学世界著名教育心理学家霍华德·加德纳提出，音乐智能与数理逻辑智能、语言智能、空间智能、肢体运动智能、人际交往智能、内省智能和自然观察智能同等重要，会对宝宝未来发展起到重要影响。

1. 培养茜茜的音乐素养

从小培养宝宝的音乐素养，能够提高孩子的想象力、情感能力、语言能力、社交能力、记忆力、注意力、认知能力等各方面智力潜能。而0—3岁是宝宝脑发育的黄金时期，是人一生中可塑性非常强的阶段。给孩子更丰富的音乐体验，能够很好地促进宝宝音乐智能的发展。

我亲爱的宝贝儿，你在胎儿阶段就开始了音乐之旅。那时你是6个月的小胎儿，我想怀孕后每个准妈妈都会有些不同的反应。当时，妈妈的嗅觉和听觉变得非常敏感，爸爸总开玩笑地说，妈妈的鼻子可以和警犬拼个高低。除此之外，妈妈还特别喜欢安静的环境。因此，妈妈利用那段时间和你“一起”阅读了不少的书。直到怀孕第6个月的时候，反应慢慢消失，妈妈才开始对一些声音不那么敏感。于是，妈妈买了一些中外古典音乐的CD和你一起听。每天我们都会就着背景音乐一起读书，你的爸爸还会将一些水果切成小块儿放到果盘里，摆到茶几前，让我们享用。现在回头想想，感觉温馨极了。

妈妈从小就是个喜爱音乐的人，喜欢听，也喜欢唱。这和你外公外婆的引导也有很大关系。在妈妈很小的时候，家里就有许多磁带，外公外婆下班后经常会将录音机打开，听听音乐。那时他们听的大多是轻音乐。我在一旁边听边摆弄那些封面色彩不同的磁带盒，觉得很是好玩。后来，只要他们一回家，妈妈就会主动将磁带放到录音机里，按开按钮给他们放音乐，还会经常更换不同的磁带给他们听。到了十一二岁的时候，妈妈对音乐的痴迷程度连你的外公外婆也接受不了了，只要是周末和寒暑假，早上醒来妈妈做的第一件事就是听音乐。妈妈听的音乐种类很多，包括流行音乐和非主流音乐。到了十五六岁的时候，妈妈开始买一些音乐发烧友的杂志看，对非主流音乐更加热爱。每当音乐一响起，妈妈的心就随之“飘”了起来，那种美妙的感觉不是能用言语表达出来的，更不是人人都会有的。而在后来的设计工作中，音乐对我的帮助也非常大，它甚至经常可以让我突发灵感。

在你出生后，妈妈更是每天都会打开背景音乐和你一起听。听的内容也很丰富，有不同国家语言的儿歌，中外古典轻音乐。在有你之前，妈妈还有好多

不同类型的非主流音乐CD，不仅曲调舒缓，传达的信息也健康向上。

妈妈给你听音乐是有选择的，成人听的流行歌曲，妈妈坚决不给你听。我想那些情情爱爱、感情纠结的歌对婴儿是没好处的。

2.辨音游戏

在你4个月的时候我们开始了辨音游戏，妈妈买来了早教辨音器，每天和你玩。方式上，妈妈参照说明操作，但具体进度上，是根据你的情况来做。我们的进度非常快，因为那时你对这个玩具相当感兴趣，因此，只用了5天的时间你就“掌握”了辨音器上的17个音调。

三、创造能力的引导：创造力=好奇+兴趣+观察力

创造力，是要不拘泥于传统观念，能够举一反三，富有创新精神，能够创造性地迎接挑战，对事物具有独特见解。

有一个“老掉牙”的故事：两个推销人员到一个岛屿上去推销鞋。一个推销员到了岛屿上之后，气得不得了，他发现这个岛屿上每个人都是赤脚，用我

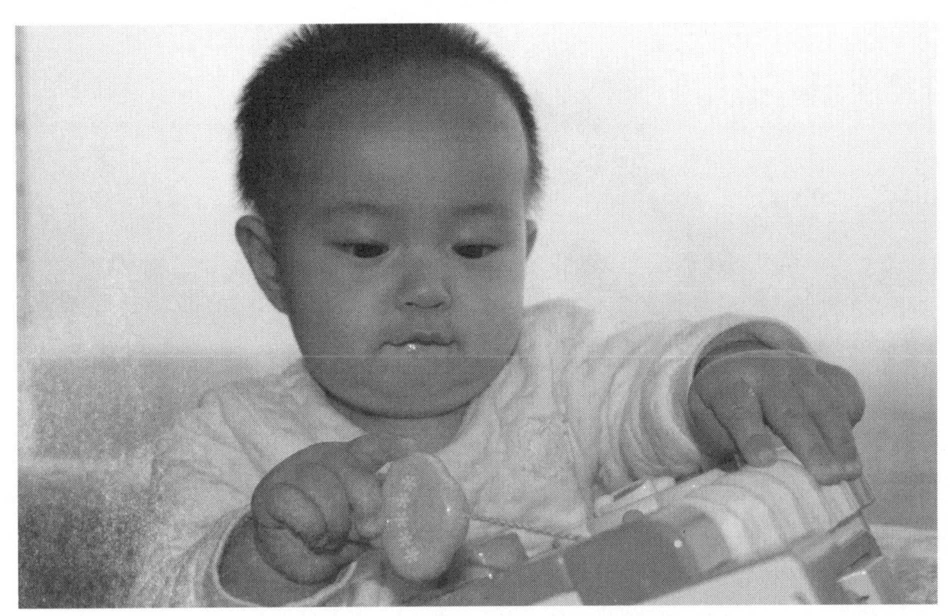

们重庆话讲叫做“打光脚板”，就是赤着脚没有穿鞋的。他气馁了，没有穿鞋的人，推销鞋怎么行？这个岛屿上的人是没有穿鞋的习惯的。他马上发电报回去：鞋不要运来了，这个岛上没有销路的，每个人都不穿鞋的。这是第一个推销员。第二个推销员来了，高兴得几乎昏过去了。不得了，这个岛屿上鞋的销售市场太大了，每一个人都不穿鞋啊，要是一个人穿一双鞋，不得了，那要销出多少双鞋去。他马上打电报，赶快空运鞋过来。同一个问题，不同的思维得出不同的结论。

还有另一个“老掉牙”的故事：曹冲称象。当时还没有那么大的秤能把大象的体重称出来，一堆成年人都没有想出很好的办法，但聪明的曹冲却用江河水、石头、船只这些看起来与衡器无关的东西称出了大象的体重。大人有时未必真的比孩子强到哪儿去。

妈妈看的一本书上曾提到：“每一个孩子都具有一定的创造力，适宜的教育措施对唤起和促进孩子的创造力，有着关键性的作用。”

1.好奇：多看，多听，多做

生活中，对于许多奇特现象，有些人熟视无睹，不以为奇，而有些人却喜欢深入探究，能够从中发现深藏的奥秘。拥有强烈的好奇心才能对事物产生强烈的兴趣。人类对世界的好奇心，促使整个人类社会向前发展。

好奇心是每个婴幼儿天生就具备的，并且出其的强。所以，你们想要学习一切你们所能接触到的事物。你们个个都是天生的小勇士，你们从不畏惧失败和挫折，你们怕的是没有机会去尝试。所以，妈妈想借此时机开始引导你，不想让这样出色的能力在你长大后消退得无影无踪。

妈妈想，对于小婴儿，应该没有比多看、多听、多做更好的培养好奇心的方式了。所以，妈妈放手让你做力所能及的事，让你撒开欢儿地“拆拆”、“试试”又“撕撕”。你听的东西应该算是很广泛了，我们不但给你听故事，听音乐，还给你听CCTV频道的中、英、法、西四种语言的新闻节目。你看得更是广泛，尤其在你出生4个月以后，我们的户外活动逐渐增多，我们去公园，去超市，去商场，去餐厅，几乎是走到哪儿看到哪儿“唠叨”到哪儿。

在你7个多月的时候，无意中发现了你在拿手帕的时候出现了撕扯的动作，因此妈妈将一张柔软的纸巾递到你手上，你笑嘻嘻地将它撕成了几条。之后我们就多了一项撕纸的游戏，不过妈妈只给你纸巾和没有文字的空白纸让你撕，因为妈妈可不希望你以后有撕书的癖好。因为，那可是我们的“黄金屋”喔!

在你8个月的时候，妈妈尝试让你自己拿着食物吃。我把香蕉皮剥开一部分，放到你的手上，然后轻轻地握住你的手，举到你的嘴边。你开心地咬了一口，那是你非常喜欢的一种水果，味道甜美，口感滑腻。就这样帮你做了几次之后,妈妈放开手,让你自己吃。之前,你已经有了很长时间自己吃馒头的经历，所以，这对你来说似乎并不难。你先是给了我一个招牌笑，然后“思考”、“观察”了一小会儿，慢慢地将香蕉举到嘴边毫不犹豫地就是一口。就这样又吃了几口之后，妈妈又将香蕉换到了你的左手上，你一样吃得很好。

是呀，我的宝儿！对于胃口超好的你，我相信很快就能掌握一系列自己吃东西的技巧。妈妈当时又闪出一个想法，以后可以引导你左、右手都能够灵活地拿筷子、勺子等餐具。这样也很利于左右肢体均衡发展。也许这对你也不难，因为，你对有关吃的事情那是相当的好奇。

2.观察力+兴趣：

虽说有眼能看到，有耳能听到，但遇到同样的事情，有的人能在脑子里留下准确、完整、丰富、深刻的印象，有的人却只有零零散散甚至错误的印象。

良好观察力的培养

良好的观察力是我们以后学习、工作、解决日常问题的基础，也是我们积累知识、发展智力的重要途径，它对我们非常重要。

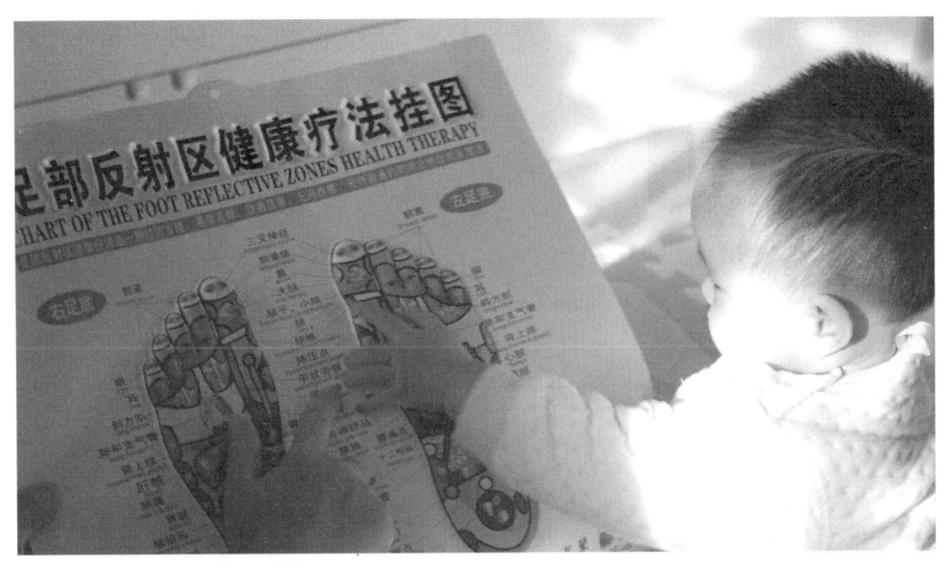

我想这样的能力并非是与生俱来的，一样需要进行有意识的培养。也许你猜到了妈妈下句话要说什么。有关观察能力的提前引导开始了，时间一样是在你出生的第一天。

之前，妈妈曾提到过，从你出生的第一天开始，爸爸妈妈就陆续地给你看一些卡片和不同颜色的球儿，并且一边让你看，一边给你讲，还缓慢地移动它们。那不但是对你视力的观察，也是为了引导你的观察力。

不但如此，妈妈还经常从身边的日常用品入手对你进行引导。比如，妈妈时常在你喝奶前，把奶瓶拿给你看，告诉你它的名称和用途，指给你哪部分是奶嘴儿，哪部分是瓶身，瓶身上面都印有什么图案，以及相关的颜色。尤其是对你眼睛注意到的物品，妈妈经常会顺便告诉你它的名称、用途、结构，色彩和特点，尽量将一些细节的东西指给你。

就连到外面遛弯，妈妈也会“唠唠叨叨”地将一些植物和景观讲给你听。因此，你的婴儿生活真的很丰富。

在你1个月的时候，妈妈开始带你进行更多的户外活动。我们时常会同外

公外婆、舅舅一家一起到不同的公园玩。公园里有绿色的草地、色彩丰富的花朵、各种各样的树木，湖里还有色彩斑斓的锦鲤、不同样子的游船，路边有艺人现场制作的糖画、吹糖人儿等等。带你看的同时妈妈都会顺便讲给你听。你虽然还很小，但对不同的事物还是能看上一会儿的。

妈妈喜欢带着你一起去大型超市购物，因为那里有非常丰富的商品，我们可以尽情地去看，去触摸。每次去，妈妈都会告诉你一些商品的名称和用途，把上面的文字和不同的颜色指给你看。妈妈还会让你摸摸不同材制的商品（比如玻璃、塑料和金属制品），告诉你手感会有什么不同。妈妈也会告诉你相似的东西的不同之处，比如同样形状大小相同的水杯，上面的花纹和颜色不同；一样的两只拖鞋，有左右脚之分；看起来形状、颜色、大小差不多的两只碗，厚度上有区别，价格也不同等等。有时玩得很尽兴的时候妈妈还会拿出一些商品和你玩选择游戏。就连打雷下雨妈妈都会把你抱到窗前给你讲一番。

婴儿一样喜欢丰富多样的事物，因此，任何地方都可以成为我们的游乐园。

在你5个月的时候，妈妈知道你认识了一些字，会“算”简单的四则运算。因此，妈妈又突发奇想，开始和你玩听音辨数的游戏，我想这是培养观察力的一种有趣的方式。妈妈拍手让你听，拍完后告诉你拍了多少下。就这样做了多次之后，妈妈开始和你玩选择游戏。妈妈拍完手后和你进行2选1的游戏，发现你经常可以选对。后来，妈妈还将这个游戏改成跺脚、敲鼓、拍手加跺脚等不同的形式和你玩儿。

妈妈喜欢换着法儿和你玩，不断变换玩法能让你更加觉得新鲜、有趣。是的，玩嘛，不必拘泥于形式，所以玩法上没有最多，只有更多。

同样在你5个月的时候，我们带着你去朝阳公园参观了那里的科技馆，听工作人员给我们讲解和演示了好多有趣的东西。我和你的爸爸很喜欢那里，因为那里将很多知识以有趣的形式展现了出来，而且又配合上了叔叔阿姨们有趣的讲解，让每个参观者都轻松愉快地懂得了许多知识。当时真感慨自己小的时候没能有这样的机会去看这些有趣的事物。我们抱着你看完了每一项演示。

知识用有趣的形式展现才更容易让人产生想了解的欲望，也更容易让人记忆深刻。之后，妈妈更加明白要用一些有趣的方式向你传达知识。

兴趣爱好的培养

单纯的智商很高，未必就有创造性。无论孩子还是大人，对事物产生兴趣，才更能积极、主动、努力地参与进去，并在快乐中很好地完成。

我亲爱的宝贝儿，妈妈向你抖搂一件“丢人”的事情：前面提到过，妈妈小的时候数学差到极致，在那段时期妈妈甚至认为它是恶魔。记得有一次，我希望能够战胜它，于是少有地在课堂上认真听讲了一段时间，居然发现它也有有趣的一面。这也让妈妈对自己的IQ有了一点自信，只是后来的一次考试又让妈妈彻底绝望了。当时的那次测验，妈妈很快交了答卷，信心十足地等待着分数。谁知最终的结果是老师让我当着所有学生的面起立，然后以不屑的口吻训问我为什么能答100分，到底是抄了谁的题。我想这的确是因为之前妈妈的表现太差了，老师才会有如此的想法。但这无疑是一种糟糕的不负责任的教育方式。自那次以后，妈妈彻底将数学当成了恶魔，兴趣全无，不愿触碰。

这件事情让妈妈的印象很深刻，也明白了伤害孩子的自尊心是多么可怕的事情。没有沉重的心理负担才可能做好许多事情，培养孩子主动学习的兴趣才能让孩子获得更多的快乐和幸福。

你的外婆给我请了不知多少个家教，也没能够唤起我对数学的兴趣。每次家教老师讲课不到5分钟，妈妈的思绪就不知游离到什么地方去了。但因为怕老师认为我没在听，所以眼神总是直勾勾地看着老师，老师说一句我就点一下头。其实我哪里是在听他们说什么，当时也许正在想，这个老师的头发好像是

羊毛卷吧？他的眼镜到底有多少度，怎么看起来那么厚呢？一会儿上完课我得吃个苹果再睡觉……虽然，家教老师们说话都很婉转，但结论出奇的统一："这孩子很认真，就是好像怎么也学不会，没关系，还是慢慢来吧。"

很多家教老师没能从妈妈身上找到自身价值，悻悻地离开了，这真是很抱歉的事情。

好在工作以后，妈妈成为出色的房地产销售员，后来还成为自由设计师，小打小闹儿地尝试过一些小型创业和小型投资，结果并不算差。妈妈也很享受这种自由自在的生活方式。

这跟小时候的引导有很大关系。妈妈在很小的时候就有了“理财观念”，当时家里有个零钱罐，妈妈总是看到大人们将零用钱塞到里面。于是，妈妈也用硬纸叠成个小钱包，将家人给的零钱攒下来。那时妈妈5岁。到了15岁的时候，妈妈攒下了2000多元钱，这在当时绝对算是一笔巨款。你的外公小时候喜欢给妈妈讲故事，妈妈总能在听故事的时候产生丰富的联想。你的外婆经常喜欢带着妈妈去买各种各样的课外书和玩具，涉猎的内容很广泛，有简笔画、家居装饰书、故事书、各种类型音乐的磁带、百科全书、跳棋、五子棋、橡皮泥、趣味折纸、色彩斑斓的画笔。只要我喜欢，你的外婆就会为我买，只要是我主动想上的兴趣班她都会为我报。而你的外公更是有

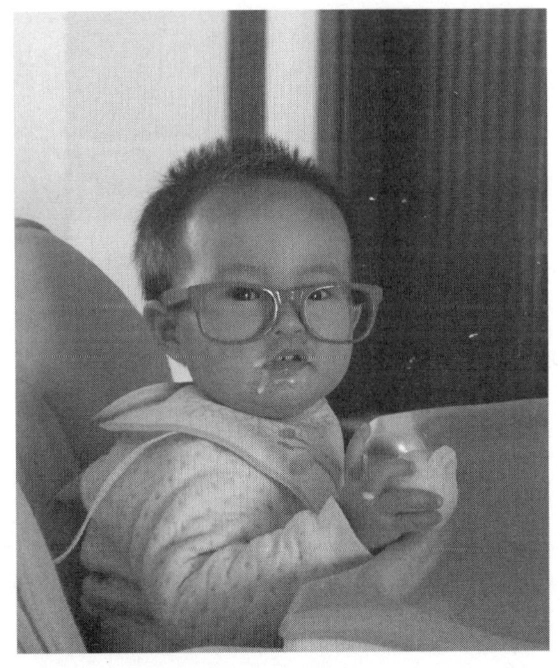

一个大大的优点，就是他永远喜欢鼓励自己的孩子。

妈妈非常感激你的外公和外婆当时给了我那么多的引导，这对妈妈未来的帮助很大。工作后，妈妈虽谈不上有什么特长，但也算兴趣广泛，想象力丰富，热爱自由。妈妈远算不上成功人士，但可以将小时候的很多兴趣爱好转化成谋生的本领。此后，妈妈还拥有了自己的房产和汽车。妈妈是个幸福感很强的人，也许生活上谈不上多完美，但已经觉得非常幸福了。

妈妈结婚后，你的外公外婆和妈妈聊天，谈论起妈妈小时候那段让他们觉得无比头痛的学数学的经历，也经常感慨，如果在小时候能够有一些数学兴趣方面的提前引导，也许妈妈的数学不会差得那么离谱。

妈妈会尽可能让你提前接触不同的知识，比如，给你听音乐、讲数学、听故事、看文字、听英语、看名画、听古诗、做手影，给你画简笔画，唠叨生活常识。你一定不可能在婴儿阶段记住所有，但我想这种提前且持续的引导方式必然会或多或少地帮你记住一些对未来生活有帮助的知识，也必然会对你以后兴趣的培养起到一些帮助。

四、良好的人际关系

亲爱的宝贝儿，从一出生，你就开始了人际交往。你出生十多天后，看见妈妈就经常会露出微笑。专家把这称作“社会性微笑”。婴儿有与人交往的本能需求。人际交往能力已经成为个人事业成功的重要因素，妈妈曾在书中看到：“父母在宝宝早期成长的过程中，如果能进行科学的、有意识的精心培养，将促进宝宝在这方面有良好的发展。从小培养宝宝的人际交往能力，提高宝宝情商，对宝宝一生的发展都是财富。”

美国杰出的教育家卡耐基甚至这样强调：“一个人的成功，15%靠他的专业知识，而85%则是依靠他的人际关系。”哈佛大学著名的“多元智能论”创始人霍华德·加德纳提出人类的八大智能，把“人际交往”作为一种重要智能列于其中，引起学术界强烈的反响。石油大王约翰·D·洛克菲勒曾说过：“我愿意付出比得到其他本领更大的代价来获取与人相处的本领。”

1. 父母的影响

婴儿天生善于模仿，你们天生就是聪明的“精灵”。

妈妈曾在网上看到这样一件事：一位家长说她下班回家，看见五岁的女儿在打她心爱的洋娃娃，嘴里还骂着脏话。这位家长说：“她打人、骂人的样子，甚至于骂人的那些话，和我打她时一模一样。”可见，父母对孩子的影响是多么的重要。

妈妈有很多的缺点和毛病。妈妈喜欢睡懒觉，做事缺少毅力，虚荣心强，依赖性强……看了这些，你一定觉得妈妈的缺点和毛病真是多得“要命”。是的，我亲爱的宝贝，这些的确“要命”。但妈妈还是要将这些真实的情况写到书里，向你坦白。

有句老话：“江山易改，本性难移。”相比很小的孩子，成人的缺点、毛病要难改不知多少倍。因为，大人的思维方式和习惯历经很多年早已“发育成熟”，缺点和毛病顽固地成为性格中的一部分，甚至通常会延续终生。

世界上一定不存在完美的人，但我想我们有必要、有能力去向完美无限靠近。我最亲爱的宝贝儿，有了你之后，妈妈更加意识到父母对孩子成长的重要影响。本性的确是比较难改，但也并非不能改变。因此，很多时候妈妈需要将自己重新当成和你一样大的“宝宝”，认真地改正缺点，树立好的习惯。我想这样才有助于我们共同快乐健康地成长。

2.家庭养育环境的营造

培养人际关系首先要从家庭开始，养育环境对宝宝们的影响无疑是很大的。应该说这方面我们有得天独厚的条件。

记得妈妈小的时候，看一本页数并不多的家居图片书，看上几个小时是常有的事。因为，每张图片，妈妈都能琢磨好长的时间，不断地在脑子里将那些自己的想法融入进去，绝对算得上浮想联翩。那时妈妈大概只有十五六岁。

工作后，一次意外的经历让妈妈成了自由设计师。那时，新房子装修好之后，社区内好多准备装修的业主们都来参观，其中一对夫妇对房子的设计尤其感兴趣。他们当时找过好多家装修公司，但没有一家让他们感到满意，他们觉得那些公司给出的设计方案大同小异，缺乏特色。他们很想知道是哪家公司负

责装修的这套房子。妈妈脱口而出说这套房子完全是自己设计的，只是找了一些工人进行施工。他们当时很惊讶，因为我并非专业的设计人士，只是个爱好者而已。

当时妈妈主动同他们说，其实，每个人的内心深处都有自己对于装修风格的喜好，只是由于非专业性的原因，想法通常很朦胧、零散。如果他们喜欢我的设计，可以一起聊聊他们对于房子的看法，根据他们内心的线索，找出设计思路，尝试装修他们的房子。他们听了建议后，居然十分爽快地答应了。妈妈当时心里真的是又开心又意外。谁的房子不是用辛辛苦苦积攒下的钱买来的?让专业的装修公司来做经常都不放心，更别说有谁敢让毫不专业的人去鼓捣。更何况，妈妈连简单的电脑设计图都不会做。所以，借这本书我要好好感谢这对夫妇当初对我的信任，感谢他们给了我这么好的展示自己的机会，同时也让我能够拥有一个全新的职业。后来方案确立后，他们的房子有了正式的名字——“浓情朱古力”，风格确立为地中海风格。因为那时妈妈不会做设计图，想法装在脑子里却画不出来，所以就用自己的方式做了个PPT，并在讲述的过程中，给他们品尝了“百利甜酒”。完工后，他们非常满意，从此喜欢上了那种酒。再后来，我们成了非常要好的朋友。

后来，我和你的爸爸搬到了另一个小区，就是我们现在住的这个社区。妈妈很庆幸自己有设计房子的本领以及做房地产销售的经验。妈妈是个计划性比较强的人，家里人也很乐于接受妈妈“异想天开”的建议。那时，妈妈提前很久就考虑到以后的老人、孩子、亲情问题，最后成功将一大家子——你的外公外婆、舅舅舅妈和爸爸妈妈都凑到了一个社区买了房子。这里有完整的教育配套体系，有幼儿园、小学、中学，很方便解决宝宝以后的教育问题。

妈妈喜欢尝试不同的色彩搭配和不同的风格。这个小区全部是精装修的房子，每户的装修风格近乎相同，但妈妈通过配饰将我们家、外公外婆家、舅舅舅妈家做成了不同的风格。

在这个社区生活了一段时间后，我们和你的舅舅舅妈决定同时期要宝宝，那样不仅可以互相交流育儿心得，孩子们也能有个同龄的小伙伴，不会感到寂寞。所以，你和你的小表哥只相差一个半月。

我们一大家子人，往来方便，关系融洽，这让我们每个人都感觉到无比的幸福。当然，对宝宝们来说，这也是你们成长的绝佳环境。你和你的小表哥可以天天在一起，我们一大家子也可以经常在一起聚会。妈妈建议家人把你当做朋友而不仅仅是孩子来看待，可以爱护你、帮助你、照顾你，但绝不容许溺爱你。

大家庭就是小社会，每个人性格不同、脾气不同、年龄不同，许多习惯也不同，处事风格当然更不同，能不能融洽地相处，蕴藏着很深的学问，需要很多的技巧。这不仅是对成人人际交往能力的考核，对你和可阳小表哥这样的小婴儿来说，更是难得的锻炼机会。

在你6个月的时候，妈妈请来了来自英国的互惠生——亚当哥哥和家人一起生活。从此，你和小表哥又多了一个好朋友。他的确比你们要大很多，是个成年人，但朋友是不受年龄限制的。不同国家的人，语言、生活方式和表达方式上的差异非常大，要想很好地相处是需要很多技巧的。我们又多了一个锻炼人际关系的机会。

在你7个月的时候妈妈又突发奇想，将主卧室改成了游戏室，我们把所有的家具搬走，整间屋子铺上了婴儿地垫，容易磕到的地方安装了防撞条和防撞

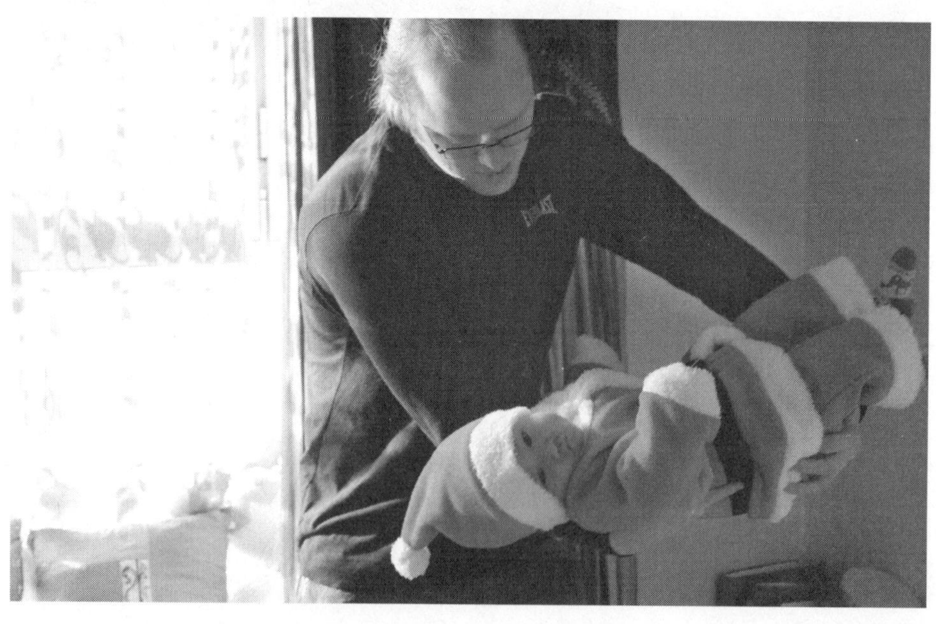

角，有插座的地方安装了绝缘插座套。从此，你和你的可阳小表哥有了一个安全自由的专属空间。你们可以在这里尽情地爬来爬去，玩自己喜欢的玩具。我们一大家子人也经常聚在这里和你们一起玩儿，一起做游戏。我想，这样融洽的家庭关系一定很利于你们性格、身体等各方面的成长。

3.适应能力的提前引导：对人不认生，对环境不认生

社区小伙伴儿

妈妈会尽可能创造更多的机会让你接触更多的人和环境。在你出生3个月后，我们经常到社区里遛弯儿。我们居住的社区非常大，有好多和你同年龄段的小朋友，他们的家长都非常热情。那里是孩子们的游乐园，也是家长们的交流天地。家长们经常在一起互相交流宝宝们的成长状况。大人们经常带着宝宝们聚到一起给宝宝们唱歌、跳舞。

宝宝们天生就是小艺术家，你们喜欢认真地听大人为你们唱歌，认真地看大人们为你们跳舞，每次这样自发的集体活动都让宝宝们感到新鲜和快乐。我们还经常和小宝宝们互相打招呼、问好，互相做“自我介绍”。

宝宝们似乎天生就是交际家，你们总是喜欢先互相凝视一会儿，然后咿咿呀呀地“聊”一通，还不时地用可爱的小手相互触摸。也许这就是你们“自我介绍”和认识彼此的方式。

串门儿

妈妈喜欢带着你串门儿，这同样能让我们接触到不同的人、不同的环境。我们最喜欢去太姥姥家了。你的太姥爷90岁，太姥姥80岁，别看他们年纪大，

但身体都很健康。他们和妈妈的姑姑一家生活在一起，共同居住在一个传统的老北京大杂院儿里，生活幸福而快乐。

我们时常会和舅舅一家一起去他们家玩。我们在屋前的小院儿里一起聊天、做游戏。每到吃饭的时候，你的太姥爷还经常亲自下厨为家里人做祖传的“马氏肉饼”，味道那是相当的好。真遗憾，你的太姥爷当初为何没开个肉饼店，生意准会出奇的好。太姥爷是个性情豁达之人，永远能将大事化小，小事化了，不斤斤计较。在所有家人眼里，他哪里只是平凡的人，简直就是“神”。你的外公及妈妈的几个叔叔都不同程度地继承了他的特点，不敢说他们都是“大智若愚”，但绝对个个都称得上“难得糊涂”。你外婆和妈妈的几个婶婶们在一起互相谈论起他们的“事迹”来，经常是哭笑不得。妈妈也很荣幸地继承了这个特点。所以,我想,你长大了没准儿也会是个“小糊涂”。

4.语言和行为的引导：

见到小朋友和家长们就相互问好、打招呼，走了说“再见”，这是最基本的礼节了。我们社区几乎所有的父母都会教宝宝们这样做,这是多么好的习惯。很多大人们称之为“学”的事情在宝宝身上通常可以“顺便”去教。大人不也是需要用很多时间抱着宝宝的吗？何不同时“唠叨”点儿对宝宝未来成长有帮助的事情呢?

记得在你两个月的时候，外公外婆来串门，妈妈会举起你的小手教你打招呼，然后说："外公外婆好，我很想你们。"外公外婆离开，妈妈会举起你的小手教你做再见的手势，然后说："外公外婆再见，你们要经常来看我喔。"

每天早晨起床，妈妈都会亲亲你的额头，并对你说："亲爱的宝贝儿，早上好！"然后妈妈抱着你和家里的每个人说"早安"。晚上准备睡觉的时候，妈妈喜欢抱着你和家里的每个人道"晚安"。然后和你说："亲爱的宝贝儿，晚安，祝你睡个好觉，做个好梦！"

在你3个月的时候，玩唱歌跳舞的游戏时，妈妈都会教你为表演者鼓掌。在每一首歌结束时，妈妈会教你做道谢的手势并由衷地赞叹。

5个月的时候，来客、送客时你开始有些懂得主动举起小手打招呼、道别。

6个月的时候，你懂得道谢，懂得为别人和自己鼓掌。

7个月的时候，来客、送客时你会非常主动地举起小手，微笑打招呼、道别。并且懂得每天挥手和家里人道"早安"、"晚安"。

另外，在你7个月的时候，妈妈开始教你将一些身边的物品递到其他人手里。

8个月的时候，你能主动地将大人们想要的物品放到他们手中，并懂得松开小手。

婴儿的进步是很神速的，只要持续地引导，习惯是很容易养成的。

其实，妈妈并非是个很懂得礼节的人，比如该说“您”的时候总说“你”，说话方式上也不太懂得照顾对方的情绪。我亲爱的宝贝儿，这非常不礼貌，不是吗？不过，妈妈很庆幸有了你，因为，这让妈妈有了一次重新成长的机会。妈妈要和宝贝儿同成长、同进步，从身边的小事做起，逐步改掉身上的坏习惯。

第三章　身体素质的发展

中国有句老话："身体是革命的本钱。"身体是生活和工作的基本条件。身体素质是体质的重要组成部分，是人体在运动中所表现出来的力量、速度、耐力等身体基本状态和功能能力。身体素质的好坏直接反映了人们在日常生活中承受能力的强弱。

一、大动作的引导

大动作可以增强体力，锻炼能力，促进血液循环。婴儿大动作发展好，可以有比较大的活动范围，可以自行去探索四周的环境，了解身体与环境的关系。

妈妈引导的方式方法

妈妈的方式是细心观察宝宝成长每阶段的特点，在你出现"动作信号"时给予及时的引导。

怀孕的时候妈妈从书中得知，给新生儿抚触好处多多，能促进宝宝的睡眠，增加宝宝的食欲，增强耐寒力和疾病抵抗力，增进母子感情。妈妈在怀孕的时候，查到好几种抚触方式，每种方式都有些细微的差别。妈妈将这些方式融会贯通，整理出了一套自己认为不错的抚触手法。在你出生的第6天，我们从医院回到家中，每天给你洗完澡后，妈妈都会对你进行抚触。

你舒舒服服地躺在大床上，享受着轻柔的背景音乐，体会着妈妈双手给你带来的温柔接触，每次开始和结束前妈妈都会在你的额头上深情地亲上一口。每想到这一幕妈妈总是感觉幸福极了。是啊，有个宝贝儿多么好！连你的爸爸都经常对着你冒傻话，感叹为什么没能早点儿把你生下来。

在你出生1个月后，妈妈还经常给你做被动操。被动操可以促进婴儿动作的发展，建立良好的亲子关系。长期坚持做婴儿操，可以增强孩子的生理机能，提高宝宝对外界环境的适应能力，使宝宝的动作变得更加灵敏，肌肉更发达。另外，妈妈还在书中看到，婴儿操可以促进神经和心理的发展。长期坚持做婴儿操可以使婴儿初步的、无意的、无秩序的动作，逐步形成、发展和分化为有目的的协调动作，为思维能力的形成打下基础。

二、大动作能力的训练

1.抬头游戏：

你的抬头动作发展得很快，在你二十多天的时候，趴在床上就可以将头抬起至90度，并能停留片刻。这的确比婴儿动作发展参照表中提到的时期提前了不少。我想这跟对你的提前引导有很大的关系。

在你出生第十天的时候，妈妈开始了对你抬头动作的引导。记得那天给你做完抚触后，妈妈轻轻地将你的头转向一侧，然后将你的身体慢慢翻成俯卧位，之后，拿出一张黑白色的轮廓卡片举到你的面前30公分的位置。确定你的眼神关注到卡片后，妈妈将卡片缓慢向上移动，并同时即兴将相关图片的内容编成儿歌念给你听，观察你的反应，看会不会出现“动作信号”。让我们感到不可思议的事情发生了，你的手腕开始用力，试图撑起自己的头部。你的动作虽

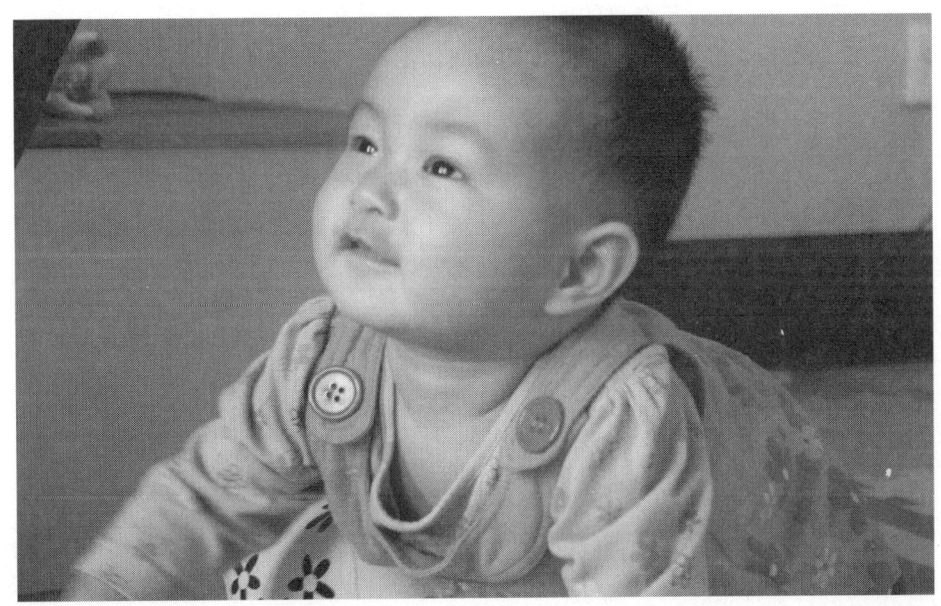

然缓慢但意图却很明显，你似乎是将身上所有力量都集中到了手腕和头部，最后你的头居然微微地侧抬了起来，成功地离开了床面。

我们当时彻底被你——一个十天大的小婴儿的一举一动惊呆了。妈妈更是抑制不住激动的心情，连眼泪都流了出来。

我亲爱的宝贝儿，你们婴儿天生就是勇士，虽说是“初来乍到”，但你们却天生无所畏惧。你们的勇气决非成年人所能比。只是太多时候你们细节的能力发展被成人们所忽略，失去了及时展示的机会。

从那之后，每天晚上给你做完抚触，妈妈都会用卡片和你玩一小会儿“抬头游戏”。

我要向你解释一下，我亲爱的宝贝儿，妈妈将能够引发你兴趣的事情统称为——游戏。

2.翻身游戏：

记得在你还不到两个月的时候，发出了侧翻身“信号”。于是，妈妈在给你做被动操的时候，将转体翻身这一节动作多加了一些次数。另外，在和你玩的时候也会顺便帮助你做一些转体翻身的动作。3个月的时候你就可以很自如的从仰卧位一下翻成俯卧位。

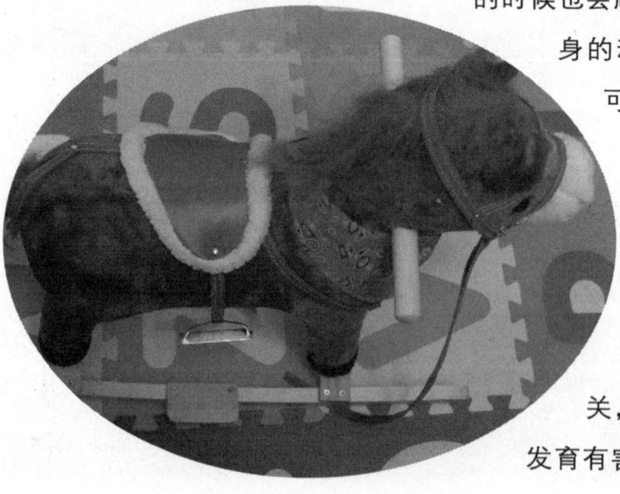

关于坐：妈妈怀孕的时候从育儿书上了解到，坐的能力与第二生理弯曲的自然生长情况有关，提前练习对宝宝的身体发育有害处。因此，妈妈没有进

行提前引导。但因为之前的动作发展得比较快，所以坐的能力你也比较提前，在你5个月的时候就能独坐得比较稳了。

3.爬行游戏：

在你4个月的月初就发出了爬行“信号”，于是，妈妈开始经常和你玩这个游戏。刚开始妈妈会将你喜欢的玩具放在你的前面，然后抵着你的脚让你自己用力蹬着妈妈的手向前爬行，去够前面的玩具。你的动作发展还是很快的，没几天，你就可以自己匍匐向前挪动一点儿了。于是，妈妈不再抵着你的脚，鼓励你自己去够。当够到时妈妈会为你鼓掌，然后再将玩具挪远一点儿，鼓励你重复这个动作。到你4个月中的时候你匍匐爬行就很自如了。在那之后，当你够到玩具的时候，妈妈会将玩具换到不同的地方让你去够，你很快就会转身朝玩具所在的方向爬去。后来妈妈还将一些被子枕头这样的障碍物放在你的前面让你练习翻越。在你5个半月后就开始能够进行腹部离地这种真正意义上的爬行了。

关于站立

妈妈怀孕的时候从育儿书上了解到，站的能力与第三生理弯曲的自然生长情况有关，提前练习对宝宝的身体发育有害处，因此，妈妈用特殊的方式对你进行引导。在你6个月的时候，爬得已经非常好了，并且能够轻松翻越阻挡在前面的被子、枕头这样的障碍物。因此，妈妈将被子和枕头摞在一起，放在靠床头的位置，当你爬到那儿的时候观察你的反应。我发现每次当你爬到被子那儿时都会扒着被子、枕头努力地跪起来，并试图站立。不过妈妈没有帮助你去做站立的动作，因为，我无法判断你第三生理弯曲的发育状况，这个动作需要能力达到的时候，自己独立完成。因此，妈妈只是在一边观察你。

就这样又过了几天,你渐渐地可以扶着它们顺利地站立起来了。在那之后，妈妈经常将你放到沙发上，我们家的沙发靠背高矮适中，且是垂直于坐垫的，适合你自己更好地练习站立。刚开始的几天你还不能很好地从趴着的姿势转为扶沙发站立，不过经过很多次的尝试之后，你很快就能够完成这个动作了。又过了几天，你不但可以轻松地扶着沙发站起来，而且还开始尝试扶着沙发移动步伐。亲爱的宝贝儿，知道吗？婴儿真的是很了不起的小精灵。你们天生喜欢不断挑战自我，超越自我，你们从不惧怕失败。

三、婴儿大动作发展状况参考表

月　份	婴儿各阶段发展状况
1个月	俯卧，拉着手腕可以坐起，头可竖直片刻(2秒)
2个月	能稍稍抬起头和前胸部
3个月	俯卧时可抬头45度，抱直时头稳。能从侧卧翻到仰卧，从仰卧到侧卧
4个月	俯卧时可抬头90度、扶腋可站片刻。翻身，能抓住胸前的玩具
5个月	伸手够东西，独坐时头身向前倾
6个月	逐步独立坐，开始学习爬行，能自己拿奶瓶
7个月	扶东西站
8个月	扶物站立，能自己坐下
9个月	扶家具可走，能站瞬间
10个月	拾取东西，扶手走路
11个月	扶物、蹲下取物；独站片刻、单足站
12个月	弯腰再站起来，独自站立稳；牵一只手可以走

四、温度适应能力的锻炼

也许是妈妈太过喜欢“异想天开”，喜欢接受新事物，所以，妈妈经常对于过于传统的事情感到不能接受甚至到了憎恶的地步，比如传统方式的坐月子、打蜡烛包儿、给宝宝捂衣服之类的。

1.妈妈对温度适应能力的看法

妈妈没有按照传统的方式坐月子，大家吃什么妈妈就跟着吃什么。热菜、凉拌菜，只要是家人做出来的，妈妈都跟着吃，和怀孕之前几乎一样。妈妈在月子里也没有刻意捂许多衣服，每天开窗换气，洗脸、刷牙、洗澡，用大量的时间照顾我亲爱的宝贝儿。一直到现在，妈妈也未觉得有任何不适。

很多人说月子病等年龄大了才会慢慢体现出来，但我想所有的事情都是因人而异的，如果让我几天不通风、不洗澡、不刷牙、不吃凉拌菜，捂得厚厚的在床上休息，只用温热水洗手洗脸，我才真的会得病。

妈妈从很小的时候就习惯了四季用冷水洗手洗脸，习惯了餐桌上有凉拌菜，习惯了天冷的时候穿得比别的孩子少。我想这对妈妈夏天耐热、冬天耐寒、不爱生病有非常大的作用。

未来的事我现在的确预测不出来。但妈妈认为是陋习的事情，就不会乖乖照做。在坐月子这点上，你的外公是妈妈的绝对支持者。的确，妈妈在思考方式和性格方面很大程度上与你的外公很相似。

记得在你刚出生的时候，产房里的温度足足有27度。但每个初生婴儿都

像个小稻草人儿一样被家长们裹得一层又一层，动弹不得，唯恐被冻着。

婴儿天生喜欢自由自在。从出生第一天起，你们就喜欢做运动，你们喜欢活动小手儿，活动小脚儿，小眼睛不停地东看看西望望。这是“初来乍到”的婴儿感受未知世界的重要方式。

2.茜茜的温度适应能力锻炼

所以，妈妈从你出生的第一天起，就没有把你弄得像个小稻草人儿一样，每天裹得紧紧的，而是尽可能地让你自由自在地活动。我想这和你后来大动作发展提前有很大的关系。

在给你穿衣的问题上，妈妈更是令很多大人们接受不了。每次带你遛弯儿，几乎都会有人关切地说：“你家宝宝穿得太少了，那么小得多穿点儿。”就算是在家里，外婆也会经常提醒妈妈：“茜茜穿得太少了，还是再加一件吧。”妈妈在这方面总是固执己见，不听劝。

我最亲爱的宝贝儿，给你穿衣盖被的问题的确是妈妈碰到的阻力最大的事。

虽然你比很多宝宝穿得少，但是，你从未被冻感冒过，也从未因此拉肚子。虽然姥姥觉得你盖得不算多，但你也经常是一觉睡到大天亮，从未在晚上冻醒过。

妈妈认为只要掌握好度，尊重科学，进行适当的耐寒锻炼，对于你的健康成长是十分有必要的。

妈妈并非真的固执己见，不听劝。记得在怀孕的时候，妈妈看了一些有关育儿的书籍，查过一些有关育儿的资料，其中曾这样提到有关宝宝的抵抗力问题：

“长期的恒温环境只能使人的热适应能力下降。气温稍有改变而添衣保暖，就是在制造这种恒温环境。这样，没有得到锻炼的大脑皮层下丘脑，一旦与凉接触就抵挡不住致病细菌的挑战，容易导致疾病。

“宝宝穿得太多，不仅行动不便，调节体温的机能也不能好好运作。另外，晚上睡觉时被子盖得太厚也可能使宝宝睡眠不足而容易患感冒。

“要让孩子有暴露于冷环境的机会。包括不要穿得过于厚实、严密。中医认为，小儿是阳气偏旺之体，过暖则会助长阳气。实际上，过早过度保暖，身体出汗又不易觉察，反而容易感冒。另外，不要放过让孩子进行户外活动的机会，特别是晴朗的日子。孩子的抵抗力是在对日常生活冷环境的逐渐适应中加以提高的。”

秋冬给孩子尽量多穿，已经是养育孩子的传统习惯了。更多的家长固执地认为那是必要的、正确的方式，就如同传统方式的坐月子一样。即使书中一再强调那些做法儿的害处，也少有人敢于去打破，唯恐后果严重。

科学是向前发展的，时代也是在不断进步的，并非所有的“老招儿”都称得上是好的经验，并非所有的“老话儿”都值得去推崇，尊重科学才是正确的。

第二部分

孕前准备及胎教

第一章　孕前准备

1.锻炼身体及孕前体检

妈妈是个喜欢提前计划事情的人。在准备怀孕的前半年时间里，我和你的爸爸进行了充分的身体锻炼。我们每天进行大约3000—5000米的晨跑。也许人们时常会低估自己的能力，妈妈上学的时候，体育考试除了仰卧起坐能及格外，其余统统不达标。所以妈妈从未敢想自己可以进行千米以上的长跑。但进行了一段时间的晨练以后，妈妈发现自己居然可以完成距离万米的长跑，自己都觉得很不可思议!在准备要宝宝的前3个月，我和你的爸爸一起做了详细的孕前体检。之后，妈妈开始服用叶酸。在服用叶酸4个月左右的时候，我们顺利地要上了宝宝。当时我和你的爸爸开心极了。

2.生活习惯、饮食的调整

怀孕的过程中我给你做了一些胎教，主要是读书、听中外古典音乐、看英文节目，还进行适当的身体锻炼。应该说在饮食上我有一个非常好的习惯，就是从不挑食且不吃零食。我很反感含有添加剂的食品，每次到超市购物我都会留意所选食品的配料表，有添加剂的食品我是坚决不买的，因为这些对胎儿是有害无益的。我的零食就是各种水果和坚果。另外，为了保证有足够的营养摄入，我们买了十几种不同的适合孕期食用的谷物，每天制作杂粮粥早餐。控制体重是我在孕期很注意的事情，既要保证有足够的营养摄入，又要保证胎儿不过大，是需要准妈妈们多花些心思的。初生婴儿最理想的体重范围在6.3—6.7斤之间，但是中国胎儿的体重往往超过这个范围。控制体重对于胎儿的自身健康和母亲的自然分娩非常有益。我坚持自然顺产，但非常遗憾的是，自然分娩过程中因为胎位不正最后不得已做了剖宫产。宝宝的出生体重为6.7斤，非常健康。这让我们感到欣慰。

第二章 胎教

1.汲取丰富的知识：

亲爱的宝贝儿，在你还是胎儿的阶段，我们曾“共同阅览”过21本书，所涉及的内容有早教、小说、旅游、考古、散文、美食等，我们共同沉浸在这些文字盛宴中。这不但会让我们增长见识，同时还会引发我们无数的遐想和思考，这将十分有益于激发出我们丰富的想象力和良好的逻辑思维能力。

2.古典音乐的熏陶

另外，在你胎儿的阶段我们还曾共同欣赏过中外古典音乐，妈妈希望这些美妙的音符能够帮助我们放松身心，丰富情感，提高我们对艺术的鉴赏力。妈妈坚信这些都是很好的胎教形式，事实证明确实如此。在你出生后不久妈妈就发现你是一个充满好奇心且爱好广泛的宝宝，你乐于接受一切新鲜的信息，对一切都充满了好奇。你用婴儿特有的方式开心地聆听妈妈讲故事、唱歌、念古诗词、念《三字经》，看妈妈给你跳舞……在你出生不久妈妈让你品尝了稀释过的酸甜苦辣咸各种滋味，你是我最知心的朋友，我愿将我所知晓的一切对你倾囊相授,而你也毫不客气地将妈妈以游戏方式传递给你的所有知识照单全收。因此，你以最快的速度“玩”会了四则混合运算，认识了5000余汉字、100幅世界名画，识别7种立方体，记下了化学元素表，能够听音识五线谱，学会了看钟表甚至听得懂简单的英语……当然妈妈知道你擅长的远不止这些，但这些已经足够证明你的爱好是十分广泛的。我很享受每天和你聊天、和你游戏、和你在一起的欢乐时光，那将成为爸爸妈妈年老时的温馨回忆。

U.S
ARMY

第三部分

妈妈养育茜茜的“秘诀”

会有朋友问妈妈到底有什么“秘诀”可以让宝宝这么小就认字、算算术，其实这所谓的“秘诀”，简单地说，不过是科学、灵活的早教方式而已。

也许很多人会认为我们每天在用大量的时间教你，在这里我想告诉每位读者那是完全不现实的。因为婴儿需要大量的睡眠时间，每日又有多次的吃饭时间，还有洗澡时间、接触户外的时间，即使是在醒着的时候也需要很多自己独立玩耍的时间，同样妈妈也需要用很多时间工作、打理家务以及做自己的一些事情。

其实，你之所以能够在很短的时间内知道很多知识，主要基于四点。

第一章　尊重宝宝的喜好

宝宝天生都是自由派，你们决不容强迫。强迫宝宝的结果只能是有百害而无一利。就如同在你们吃饱了的时候把再美味的奶粉塞到嘴里你们也不会喝，搞不好会厌奶；当你们精神百倍的时候，就是给你们唱再美妙的摇篮曲你们也坚决不会睡，搞不好会大哭；困了的时候拿出再好玩儿的玩具逗你们，你们也毫无兴趣。因此，妈妈一定要尊重你的喜好，投其所好，才有利于你的健康成长和潜能的开发。相反如果采取强迫的手段，我想对于仅仅5个月大的宝宝，别说识上千字，就是一个字也绝不可能会。那样的做法是残忍、机械、不负责任的。因此妈妈在和你玩任何游戏的时候都会观察你的喜好与否，适时进行和停止游戏。

第二章 生活常识的顺便传达

1.妈妈“对牛弹琴”的精神

妈妈的确是有“对牛弹琴”的精神。可以说从你出生起妈妈在陪伴着你的时候就会将一些生活常识随时随地地告诉给你，我不确定这么小的婴儿是否都能听懂或者什么时候才能听懂，但无疑与宝宝多聊天对婴儿的听力、语言和情感的发展都是十分有益的。而既然都是聊天，那何不如聊的内容更丰富些、有意义些，妈妈也尽量做到语言表达得准确。比如：妈妈在给你穿衣服的时候会顺便给你讲述该伸哪只胳膊了，在穿袜子的时候会告诉你所穿的是哪只脚，给你喝奶的时候顺便先让你看一下奶瓶并告诉你奶瓶上都有什么颜色的图案，在抱着你的时候妈妈顺便给你介绍家里的色彩搭配，等等。这些都

只是顺便的事情，要不然做妈妈的也得每天照顾宝宝的衣食起居，经常抱宝宝，用一些时间陪伴宝宝，那何不与此同时在这些过程当中顺便将尽可能多的常识告诉给宝宝呢?

婴儿虽小但他们天生就渴望与父母沟通互动。宝宝们并不仅仅满足于吃饱喝足、睡好穿暖的基本生活保障，他们也绝非喜欢每天在寂寞的环境中无趣地度过。父母有责任、有义务给他们营造最好的养育环境。并且父母也只有通过大量的沟通和细心观察才能及时地发现宝宝的喜好和特点，从而用更适合的方式养育宝宝。这对母子间的情感培养有莫大的好处。

2. 妈妈“顺便”的做法

妈妈这些大量的“顺便”的做法日积月累，到了 4 个月后的某一天，在与你进行的一次即兴游戏中，你给了大家出乎意料的惊喜。记得那天妈妈随手拿起茶几上一个手机告诉你这是妈妈的手机，又拿起另一个手机告诉你这是爸

爸的手机，然后妈妈灵机一动即兴每手各持一部手机问你哪个手机是妈妈的手机，你的判断过程也就短短几秒，便伸出颤巍巍的小手笑嘻嘻地抓出了妈妈的手机，这真的让我们非常惊讶。之后我们又做了几个类似的游戏，我们拿出一些不同的物品让你选择，你的准确率可以说达到了100%。又比如在给你洗完澡做抚触的时候，妈妈经常边做边将按摩的过程详细地讲述给你"宝宝妈妈现在要给你做按摩啦！我们首先来进行面部的按摩……下面妈妈给你做胸部和腹部的按摩……妈妈开始为你做手臂的按摩，我们先从左手臂开始……接下来是右手臂……"就是用这样的方式妈妈将你的身体各个部位及左右方位告诉给了你，记得在你5个月的时候你的方位辨别能力让中科院的专家叔叔和记者阿姨们都大吃一惊。

第三章　将婴儿特有的“闪看”本领适时地运用到游戏当中

1.采用正确、灵活的游戏方式

妈妈在怀孕的时候查阅了一些资料发现了婴儿有种特殊的“闪看”本领，你们甚至能够在1秒之内将所看到的卡片内容以类似照相的形式储存在大脑中，这是婴儿所独有的本领。妈妈从查到的相关资料中得知这一方法一般用在婴儿出生3个月后，因为那时视力范围快速扩张至250至300厘米，且可以清楚地看清物体，视线能从物体外缘往中心聚焦，也可灵活地跟随物体做180度移动。此时婴儿开始喜欢比较复杂的图案，喜欢看妈妈的脸及自己的手。

依据这些资料，妈妈在你出生后开始细心留意你的视力发展情况。妈妈在你出生第一天拿着黑白色的轮廓卡片和黑色圆点卡从20厘米缓慢地移动到40厘米，发现你的视线可以停留在卡片上一段时间。此后我们时常用红、黄、蓝、绿等各种色彩的球和一些不同的卡片在你眼前由上至下、由左至右，并由近至远地缓慢移动，以观察你的视力发展情况。结果发现你在1个月的时候视力范围已经发展得比较远了，两个月内你喜欢看的是黑白色的物体和卡片，到了快两个月的时候妈妈发现你对有色彩的东西越来越敏感，视力范围发展得更远，眼神也更加灵活，尤其对看不同色彩的球和卡片兴趣渐浓。因此，妈妈在你两个月的时候开始以“闪看”（每秒一张卡片的速度）的形式向你展示“红色数字点卡”和红色“汉字卡”，这就是我们“数学游戏”和“汉字游戏”的开始。在你三个多月的时候你渐渐地不再喜欢看黑白色的“轮廓卡”。因此，我们适时地停止了“黑白轮廓卡”游戏。之后妈妈还给你闪看了一些百科知识卡及动植物的卡片。

2.游戏实施最佳时期的把握

妈妈很庆幸抓住了这个特殊时期将这一游戏方式用在了你和你的可阳小表哥身上，因此你们以超出想象的速度知道了很多知识。

妈妈认为你的视力发展之所以比资料所述的普遍发展规律要迅速，这是和从出生起就开始进行的一系列适当的视觉刺激有着很密切关系的。妈妈在密切的观察中及时地了解你每一个阶段的不同特点,并及时将游戏加以更换和选择。

当然，卡片游戏形式虽重要，但绝不是唯一的游戏方式，如果仅仅是给婴儿闪看不同的卡片，我想你很快会因为觉得单调而失去兴趣。

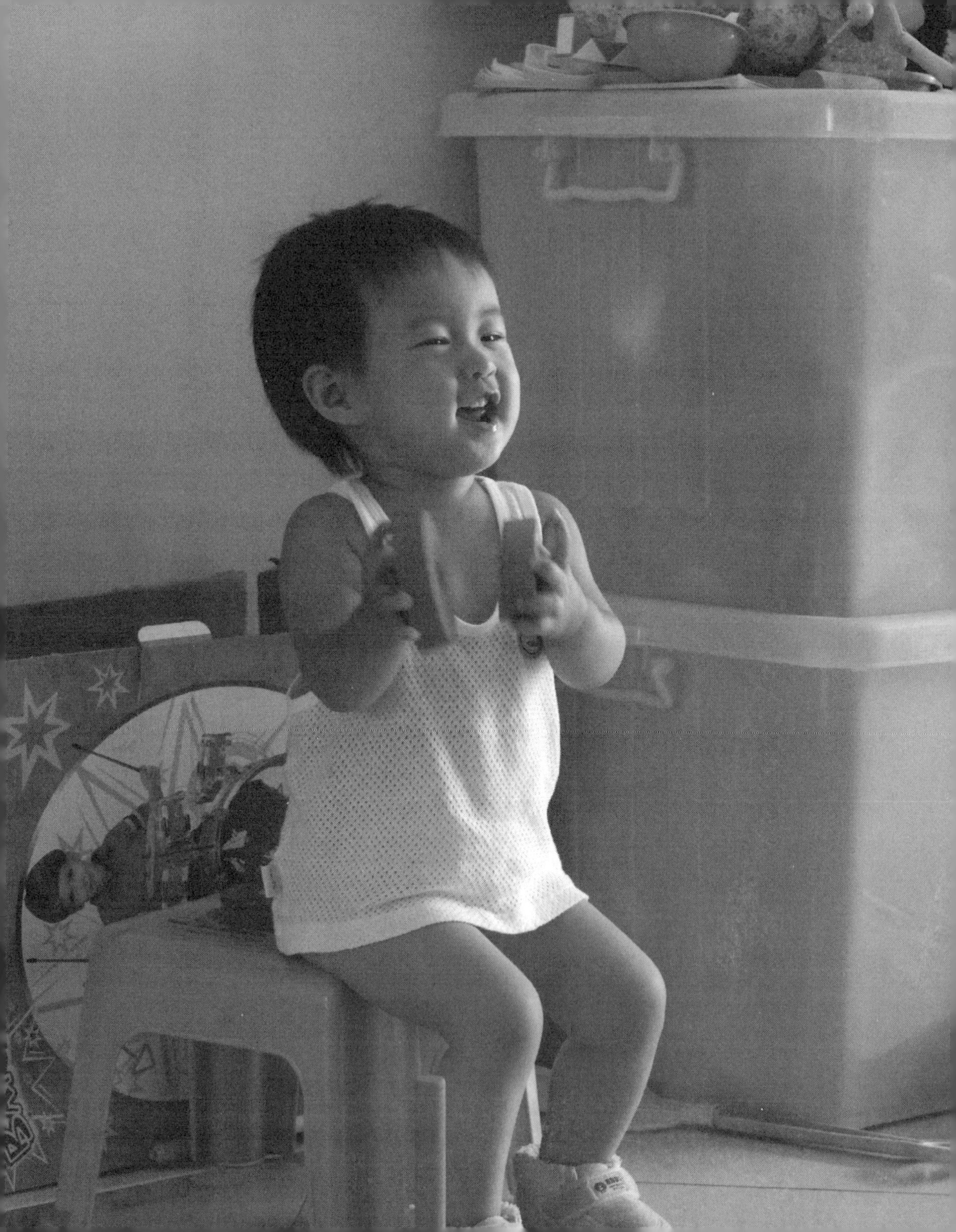

第四章　对宝宝的细心观察

只有通过对婴儿的细心观察才能更好更及时地了解你们的发展状况，并及时做相应的引导。对于我们的游戏更是如此，有乐趣才能称之为游戏。因此，如何让你对我们的游戏产生兴趣是需要花些心思的。婴儿在成长过程中是那么的“善变”，不细心观察还真的是不容易掌握你们的特点和喜好。

在你的成长过程中经常出现一些反复的现象，对一些事情经常是“喜欢——不喜欢——喜欢”这样反反复复的过程。记得你在刚刚有爬行意识的时候，你对这项运动充满了兴趣，每天会用大量的时间进行尝试。当某天你真的能够缓慢地匍匐爬行了，却又不愿再做这项运动了。又过了一段时间，你又再次喜欢上了这项运动，并且每天“练习”，动作发展得更快、更好，很快便能爬行得更加自如了。

记得在你出生20多天的时候，你趴在床上头部可以自然抬起90度。可之后的很长一段时间，妈妈即使用再花哨的玩具逗你，你也不愿将头抬起来。到了3个月的某一天，你又重新喜欢上了抬头运动。

在这些反复的过程中，只要到了那个不喜欢做的阶段，任凭用什么方式也很难唤起你的兴趣，到了喜欢的阶段想让你停下来都不成。你们婴儿就是这样不容强迫，你们天生热爱自由，喜欢做你们喜欢做的事。

这种反复的现象不但出现在你的行为发展上，也时常会出现在我们的游戏中。你对游戏在不同阶段也会表现出不同的喜好。因此，妈妈会及时地根据你的喜好来停止、继续和更新游戏。妈妈可不担心停掉一些游戏后你会忘记之前记住的知识。婴儿并非一定要学会什么，这不是游戏的目的。亲爱的宝贝儿，妈妈永远尊重你的喜好。

第四部分

茜茜游戏秀

通过游戏的方式在快乐中获取知识何尝不是孩子的天生喜好，只是绝大多数的父母没有将这种形式运用在很小的婴儿身上，我不知这算不算是件遗憾的事情。妈妈在养育你的过程中发现，小婴儿拥有的潜能经常超出成人的想象。我相信合理的潜能开发将会在宝宝日后的学习生涯中起到十分积极有效的作用。将被动、枯燥的学习过程转化为轻松、快乐、灵活的主动汲取过程，这何尝不是一件值得庆幸的事情呢？

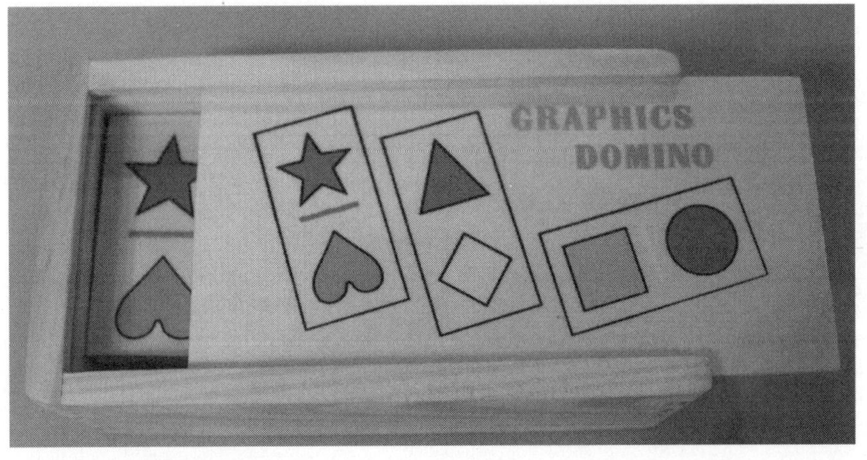

第一章　初生婴儿舞蹈秀

在你出生5天后，我们从医院回到了家里。记得你第一次见到这个温馨又充满色彩的家时表现得十分好奇与兴奋，黑亮亮的小眼睛到处观察。妈妈将你轻轻地放到床上，为你打开了漂亮的音乐床铃，没想到你居然随着音乐的节拍愉快地摆动着你的小手臂。我不能确定这是否只是巧合，于是我将床铃关闭。你居然立刻停止了“舞蹈”，这实在让我惊讶不已。妈妈叫来了家里所有成员来到你的小床前再次启动床铃，你的“舞蹈表演”又一次让所有人都吃了一惊。是啊！仅仅是吃饱、睡足、醒着仰望天花板的生活是多么的无趣和不公平，婴儿同样需要丰富的情感和体验。

你的这一举动很好地启发了妈妈，妈妈以尽可能快的速度上网学了更多的儿歌，准备在你吃饱睡足后唱给你听。是的，我亲爱的宝贝，你有权力拥有更加丰富多彩的婴儿生活，妈妈也有义务将有趣的东西及时地传达给你，与你共同分享。

第二章　轮廓卡片游戏

讲述轮廓卡片是妈妈在你0—2个月内，每天必做的重要游戏。刚开始妈妈每天给你看2张，每天看2—3次，但这同样是很灵活的，是根据你的情况调整的。因为妈妈觉得玩游戏本身就不应该是很刻意的事情，太刻意的事情会让我们彼此都失去兴趣。就这样，到你两个多月的时候，妈妈累计给你看完了40张黑点卡和40张轮廓卡。每次在看这些卡片的时候妈妈都会即兴编一些儿歌说给你听。

从你的表情我们可以判断出，那时你真的非常喜欢这些卡片。亲爱的宝贝儿，还记得这些卡片吗?

飞机轮廓卡——妈妈："飞机飞机大飞机，飞到蓝天白云里，宝宝长大坐飞机，世界各地旅游去。宝宝，这个就是飞机的图片喔！"

苹果轮廓卡——妈妈："苹果！苹果，苹果，大苹果，脆脆甜甜的大苹果，苹果是一种水果，红色的苹果，黄色的苹果，绿色的苹果。这个就是苹果的图片喔！"

鸭子轮廓卡——妈妈："小鸭子！我家门前下游过一群鸭，快来快来数一数2、4、6、7、8。宝宝知道吗？小鸭子的肚子上呀有一层厚厚的脂肪，可以帮助它轻松地浮在水面上。小鸭子最喜欢吃小鱼了。它的嘴是扁扁的，叫声是'嘎！嘎！嘎！'。是的宝宝，这个就是小鸭子的图片喔！"(这张卡片的童谣部分是从书上学来直接应用到卡片游戏上的。)

蝴蝶轮廓卡——妈妈："蝴蝶！蝴蝶，蝴蝶你真漂亮，是谁为你做的花衣裳，能不能为我缝一件，再加上一对花翅膀。蝴蝶是不是很漂亮呀，可是你知道吗？在变成蝴蝶之前，它是一只小毛虫，这是不是很有趣的事呀？宝宝，这张就是蝴蝶的图片喔！"(这张卡片的童谣部分是从书上学来直接应用到卡片游戏上的。)

既然称之为游戏，就一定要有新意和乐趣，这样我们彼此都不会感到厌倦。一成不变的东西就连我们成年人也会很快觉得枯燥乏味，更别说对于一个天生喜欢新鲜感的宝宝了。这对游戏者来说极为关键。因此在之后的游戏过程中，妈妈喜欢根据你的喜好将游戏方法加以灵活运用。

第三章　能力培养游戏

在你4个月大的时候，一次妈妈抱着你洗手，发现你很喜欢触摸水龙头。因此给你洗完手后，妈妈把着你的小手，帮助你将水龙头关闭，同时告诉你："宝宝，知道吗？这样向下按水龙头就关上了。"以后每次给你洗手的时候，妈妈就会帮助你去开、关水龙头，并同时给你讲述要领。经过几次的尝试，你很快就自己掌握了技巧，每次洗手你都可以轻松地完成开、关水龙头的动作。那时你只有4个月。这次的发现让妈妈觉得很小的婴儿完全有可能在大人的指导下完成一些日常生活中简单的常用动作。

自那以后，妈妈还教会了你如何开关灯，如何开关门，如何拾起小物品（当然，这些动作都是妈妈抱着你完成的）。还有，同你玩"逗逗飞"游戏（"逗逗飞"这种传统游戏很利于精细动作的发展）。

第四章　传球游戏

7个多月的时候妈妈开始和你玩抱球和传球的游戏。我坐在你的身后，让爸爸将一个比较大的球传递给你，妈妈扶着你的两只手帮你抱住球，同时跟你说："宝贝，伸开双手将它抱住，这样做我们就接住球了。"

之后，又用同样的方法教你如何再将球传递给爸爸。这样的动作重复了几遍之后，妈妈让你爸爸和你独立玩这个游戏，爸爸先将球传给你，发现你居然很主动地将球抱了起来，同时露出得意的笑容。你非常出色地完成了接球的游戏，我们热烈地为你鼓掌。但传球游戏的难度要高于接球的游戏，因此你刚开始还并不懂得主动将球传过去，而是捧到嘴边舔了起来，不肯再传回去。于是妈妈和爸爸将这个游戏不断地演示给你，让你在旁边看，妈妈故意将传球动作做得大一些、慢一些，让你可以看得很清楚。很快你就掌握了要领，明显有了接球后再送出的动作，对于婴儿来说这真的是个很大的进步，我们又热烈地为你鼓掌。是的，你听到掌声后总是会露出自信又得意的笑容。这个游戏我们三个人玩得实在是开心极了。后来，我们经常加上比你大一个半月的可阳小表哥、舅妈、外公、外婆一起玩这个游戏，每次我们大家都玩得很开心。

第五章　妈妈的重大发现

之前，妈妈从一些资料上得知婴儿期注意力是很短的。但妈妈通过给你们看图片发现你和可阳小表哥在出生后的4个月内，注意力还是很长的。之后，逐渐有了的变化。那时随着你们的成长，喜欢翻身和观察更多的事物，所以专注力越来越短。因此，妈妈很庆幸抓住了这几个月的宝贵时机。

第五部分

给亲爱的茜茜宝贝儿的话

第一章　妈妈的唠叨

亲爱的宝贝，你的出生意味着妈妈在这个世界上多了一个最要好的朋友，因此从你出生的第一天开始我们便开始了亲密的交流。

或许妈妈从未把你单纯地看做一个不谙世事的婴儿，从你一出生我们彼此便可以海阔天空、“无话不谈”。虽然妈妈知识十分有限，但从怀孕伊始一直努力充实自己，希望可以在你出生后将更多的知识和趣闻聊给你听，让你可以更快、更好地了解和适应这个对你有些陌生的世界，也让你能够拥有多姿多彩、与众不同的美妙婴儿时光。

妈妈要的不是顺从、不调皮捣蛋的乖宝宝，更不是娇生惯养的懒宝宝。妈妈要的是自信、自尊，善于思考，能够做力所能及的事的智慧小宝儿。所以，我和你的爸爸不喜欢越俎代庖。

在我们进行引导出现明显的效果后，妈妈通常会让你自己尝试完成一些事情。

因此，在你4个月的时候，晚间能够自然入睡;5个月大的时候抱着你洗手，可以自己开关水龙头；6个月的时候可以自己坐婴儿马桶，解决如厕问题；7个月的时候可以自己吃放在桌上的小块儿馒头；8个月的时候，可以自己吃水果。虽然这些行为不可能完全脱离大人的指导和帮助，但对于一个小婴儿，妈妈认为你真的非常棒了。

你生活规律，精力充沛，身体健康。

你好奇心强，性格开朗，见到生人喜欢微笑，不认生。

妈妈很关心你性格、身体、智力的同步发展，这是人生获得幸福必不可少的三个条件。

因此，它们同等重要。

之前，媒体报道了妈妈对于你智力方面的引导。很多人认为，妈妈过于急功近利，并且只在乎对你智力的开发。妈妈也因此被太多人误解和批判。

对你提前引导的方式，一些亲戚、朋友也不能理解，因此，不被那些通过媒体报道而获知此事的人理解也是再正常不过的事了。

所幸，妈妈是个乐观、自由且“糊涂”的人，这更多的需要感谢你的太姥爷，他将这个特点传给了你的姥爷，你的姥爷又传给了妈妈。

很多事情无需过多解释，每个人看事情的角度不同，理解也不同，这没什么不好，人需要有自己的个性和坚持。

同样，亲爱的宝贝儿，我们的生活掌握在我们自己的手里，只要对自己的人生观、世界观、价值观有足够的信心，我们尽可以放手去做我们自己想做的事。

第二章 关于妈妈

妈妈并非性格完美的人，但的确是个开朗乐观的人；妈妈的确没有特别擅长的东西，但却是爱好广泛的人；妈妈有很强的好奇心，喜欢在第一时间将感兴趣的新生事物好好研究一下，所以常会冒出许多新想法。也正因为这样，我和你的爸爸总能够体验很多不同的创业乐趣。这的确让我们的生活更加丰富多彩了，武断地否定未知事物会让人生错过很多有趣的体验，对吗？我亲爱的宝贝。

妈妈永远不要与你有代沟。纵使年迈得人老珠黄，两鬓斑白，妈妈也愿意接受新鲜事物，永远不会随着时间的流逝被时代淘汰，现在这样，以后依然如此。总之，我要做个永不落伍的妈妈。

第三章 关于爸爸

爸爸的细心付出对于家庭来说是何等的重要，他是那样平凡而伟大。他在每日工作之余不但细心地安排好妈妈的饮食及宝宝的用品消毒工作（我们是自由工作者，所以爸爸是在家中完成工作的），还为你的睡前“甜点”花了不少的心思。同样是在你出生后的3个月内，爸爸用心地背下了许多古诗词、《三字经》。在他空闲的时候将这些作为你的睡前“甜点”供你享用。在你出生4个半月后，你的爸爸还为你制作各种类型的游戏卡片，他是个细心的父亲、体贴的老公，他对你和妈妈总是照顾得无微不至。

他是绝对优秀的家庭大厨，擅长做中、意、日、泰、韩等不同国家的美食。连来自英国的亚当哥哥都常常赞叹他做的比萨和意大利面好吃得不得了。

他是妈妈眼里完美的、标准的老公。在没有你之前，妈妈被他“惯”得“不成样子”，甚至经常觉得自己好像变成了个小宝宝。他对妻子的照顾，让我们身边所有的女性朋友都羡慕不已，让所有的男性朋友都望尘莫及。妈妈家里的长辈也都非常喜欢他、欣赏他。

我们永远是最佳拍档，我们喜欢形影不离，我们性格互补、能力互补，我们做起事来从不需要过多言语，永远很有默契。金钱上我们虽谈不上富有，但也感到知足。在感情上我们却是绝对的富翁，妈妈觉得自己绝对算得上是世界上最幸运的女人。有了你——我亲爱的宝贝儿之后，我们更加觉得幸福无比。

知道吗？亲爱的宝贝儿，我们是如此幸福的吉祥三宝！

第四章　关于可阳小表哥

可阳小表哥生在十五，你生在初一，他比你大整整一个半月，你们是最佳玩伴，你们几乎天天在一起玩耍。一起玩的时候，你们时而“通力协作”搞破坏，时而互相争抢对方手里的玩具，相比你，他总是更懂得谦让，绝对是你的好榜样。

在他出生3个月的时候，舅妈对他进行了一系列的早教，因此，到他6个月的时候可以认识好多国旗、一些不同的小动物、很多名画儿。并且，和你一

样会识字，会做简单的四则运算。

他是个聪明可爱，憨厚温和的小宝贝儿，他尤其“懂得”注重“细节”，在他7个月大的时候，最喜欢做的事情就是伸出一根食指触摸物品上的细节图案。经常看到，你在这边随意地拨弄着玩具，而可阳小表哥却在另一边用小手指点来指点去，研究着玩具上的某一个小突起、小细节，越是小的图案越能引发他极大的兴趣。不但如此，他还经常喜欢伸出食指小心翼翼地点点你的耳朵、鼻子之类的。他的举动经常让你露出“诧异”的神情。估计在你眼里他绝对是一个专业的“研究员”。

第六部分

答疑

1.你是准备培养出一个天才吗?

我想确定一下到底何为天才?如果从字面理解应该是天生的人才，这样的人大概是完全不需通过任何后天的引导的。如果真有这样的事，那真是天大的幸事。不过，很遗憾从我的宝贝儿一“落地”我就开始有“计划”地对她进行全方位的引导。因此，我无法判断当初不教她数学是否她天生就会算，不教她识字是否天生就能认，不教她任何一项我“教”过的本领，她是否天生就能掌握。如果真可以这样，我想我就是头脑再理智也不得不相信她是哪吒转世、天使下凡了，虽然妈妈一直是个无神论者。

2.这么小就让她学这么多，孩子难道不会觉得很累吗？你不认为你是在剥夺孩子的快乐吗？

是不是一定要给她个玩具才能称作是玩，给她看个带有数字或汉字的卡片就一定是在学？我不知道婴儿是否天生就像“精明”的大人一样“懂得”什么是“玩”什么是“学”，但妈妈知道在你不想啃牙咬胶的时候硬塞给你让你玩，你一样会腻烦地将它丢到一边；精神饱满的时候给你看各种卡片你一样表现得津津有味；不想休息的时候非抱着你让你睡你一样会大哭；吃饱喝足后给你讲讲故事，你一样会“手舞足蹈”；不想玩不倒翁的时候非让你再玩一会，你一样会把它推到一边甚至爬走；想让妈妈抱的时候再顺便给你“唠叨”些生活常识，你也一样乐于“又摸又试”。或许妈妈是愚蠢的，总将大人们认为是“学习”的事情当做游戏来同你玩，但奇怪的是，你仍然每天都开开心心的，你活泼开朗、好奇心强、不认生、喜欢和任何人一起玩。你虽然还是个小婴儿，但你能够认真吃饭、认真睡觉、认真做自己力所能及的事情，生活很有规律，因此，你总是那么的精神饱满，活力十足。所以，“愚蠢”的妈妈坚定地认为，我们的生活是丰富多彩而富有乐趣的。

3.你觉得你能让她成为一个完美的人吗？

我想完美并非是个贬义词，只是它那么追求极致，容不得一丝杂质，以至于可望而不可即。因此，我想我亲爱的宝贝儿必定无法成为一个完美的人，但我想我们很愿意去无限地接近它。

4.有必要这么早就让宝宝知道这么多知识吗？

在婴儿阶段就学会和记住这些知识并非重要，在以后的学习生涯中这些都会一一学到。这只是开发潜能过程中需要的一些方法，仅此而已。

引用一段话：“孩子的大脑不是用来填充的容器，而是有待点燃的火把。

所有的知识的价值，都只是用来促进儿童思考、锻炼他们的思维能力的。知识不是用来储存在大脑里的，而是用来解决问题的。”

5.是不是每天用很长的时间让宝宝学习知识？

这个问题同样不是几句话可以说得明白的，不过，可以简单地说三点。如果只是识字、看图、算算数这样的知识，对于我的宝宝，每天加起来也不可能超过十分钟，因为，前文已经提到，婴儿有特殊的“闪看”本领。

如果说，所有告诉她的东西都算是在让她“学”的话，也不需要很多时间，因为我是个爱顺便和宝宝“唠叨”的妈妈，抱着她的时候我会顺便和她“唠叨”些生活常识；哄她睡觉的时候，我会顺便和她“唠叨”《三字经》及各种儿歌；出去玩，我会顺便和她“唠叨”一些看到的东西。

如果说，和她玩游戏也算是在“学”的话，那的确需要很多的时间，因为我的宝宝生活非常规律，睡眠非常好，每天精力都很充沛，因此需要大量玩的时间，而婴儿玩肯定不可能没有大人的陪伴。所以，我每天都会用很多的时间陪宝宝一起玩，一起投入到游戏当中，将我认为可以通过游戏传达给她的知识尽可能多地告诉她。

6.不怕“伤仲永”吗?

金溪民方仲永，世隶耕。仲永生五年，未尝识书具，忽啼求之。父异焉，借旁近与之，即书诗四句，并自为其名。其诗以养父母、收族为意，传一乡秀才观之。自是指物作诗立就，其文理皆有可观者。邑人奇之，稍稍宾客其父，或以钱币乞之。父利其然也，日扳仲永环谒于邑人，不使学。

余闻之也久。明道中，从先人还家，于舅家见之，十二三矣。令作诗，不能称前时之闻。又七年，还自扬州，复到舅家问焉。曰：“泯然众人矣。”

王子曰：“仲永之通悟受之天也。其受之天也，贤于材人远矣。卒之为众人，则其受于人者不至也。彼其受之天也，如此其贤也，不受之人，且为众人；今夫不受之天，固众人，又不受之人，得为众人而已耶？”

王安石老先生说：仲永的通晓、领悟能力是天赋的。他的天资比一般有才能的人高得多。他最终成为一个平凡的人，是因为他没有受到后天的教育。像他那样天生聪明，如此有才智，没有受到后天的教育，尚且要成为平凡的人；那么，生来本就平凡的人，又不接受后天的教育，想成为一个平常的人恐怕都不能够吧？

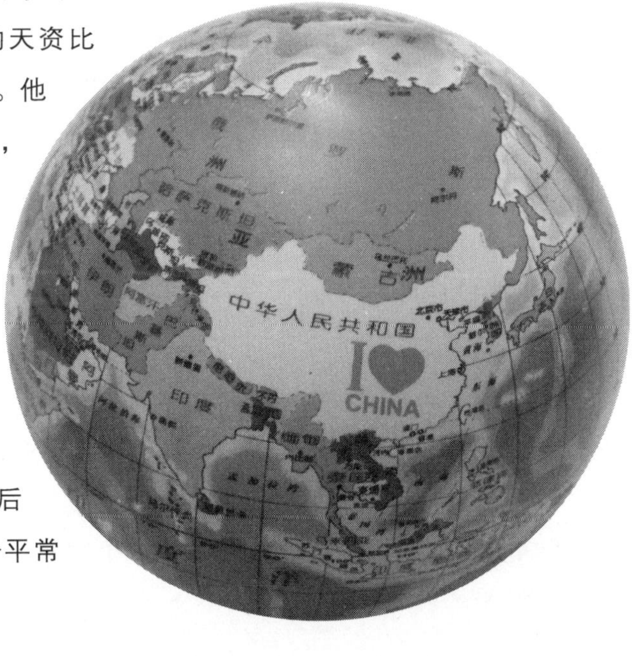

教育本身就是持续性的，无论你是否认为你在教育孩子，你都是在教育孩子，即使是方仲永的父亲也并非没有继续教育，只是他的引导方式导致了不理想的结果。或许他对“自由发展式”教育的理解失之偏颇，又或是他觉得他的儿子可以一直保持天才的本能。

略过古代回到现代，如今还有几个父母会忽视后天的教育呢？父母们几乎都希望自己的孩子见多识广，有几个人情愿自己的孩子落后于别人，比别人差一截儿？所以，你的孩子报钢琴班儿，我的孩子也要报钢琴班儿；你的孩子学奥数，我的孩子当然也得学奥数；你的孩子学英语，我的孩子必须得学英语。这些班，班班座无虚席。在父母们的这条几乎一致的“生产线”上，造就出了不少一样特长的孩子，你会的，个个都会。

“见多识广”应该不是贬义词吧？只要对认识过程充满浓厚的兴趣，何乐而不为呢？“落后”应该不是褒义词吧？但如果对某些事情的认识过程感到无趣，又何必为之？

我偏执地认为差异性极其的重要，如果大家都有相似的特长还有多少优势去竞争？少有人会的特长才能叫特长，才更值得掌握，拥有各自不同的特质才有更多机会去展现自己。而从小不进行兴趣的引导，长大了不尊重孩子的喜好，埋没孩子本来拥有的潜质才是真正意义上的“伤仲永”。

7.小时候聪明，长大了平凡。这样的例子不少见，你不怕你的孩子也这样吗？

这还是和“伤仲永”有关的问题，单独提了出来写，是因为问这个问题的网友实在是太多了。

平凡：重点在于形容普通。中性词。

平庸：重点在于形容庸碌无为，寻常而不高明，无出彩之处。平庸之辈、平庸之作，贬义词。

一个“老掉牙”的故事：一天，一群客人来孔融父母家作客，大家都夸小孔融聪明伶俐，只有一个高官不屑，高官说：“小时聪明，大时了了。”就是暗指孔融长大后会不聪明，7岁的孔融反诘道：“那你小时候一定很聪明了。”那高官羞窘交加，跑路了，后来和孔融成了好朋友，并因此成了孔融他爸的晚辈，虽然他们本来是平辈。

小时候聪明，长大了平凡，这是件不好的事吗？平凡是再正常不过的事情，绝大多数人都是平凡的，非凡的人，少之又少。所以，我再喜欢“异想天开”也不敢奢望我的孩子成为一个非凡的人，但平庸就是可怕的。所以，也许将这个问题中的“平凡”改为“平庸”两个字更合适。

我不知道那些小时候聪明的孩子长大了是否真的变得很平庸。但我想，小时候聪明与否与长大后是否平庸没有任何必然联系，但这跟后天的持续引导却是有必然联系的。人完全可以平凡，但最好不要平庸。再往下说我实在是没什么发言权了，毕竟我的孩子还太小，我无法判定、预测日后成长过程中对她的引导会有多么大的良性效果，所以我不确定她以后能成为什么样的

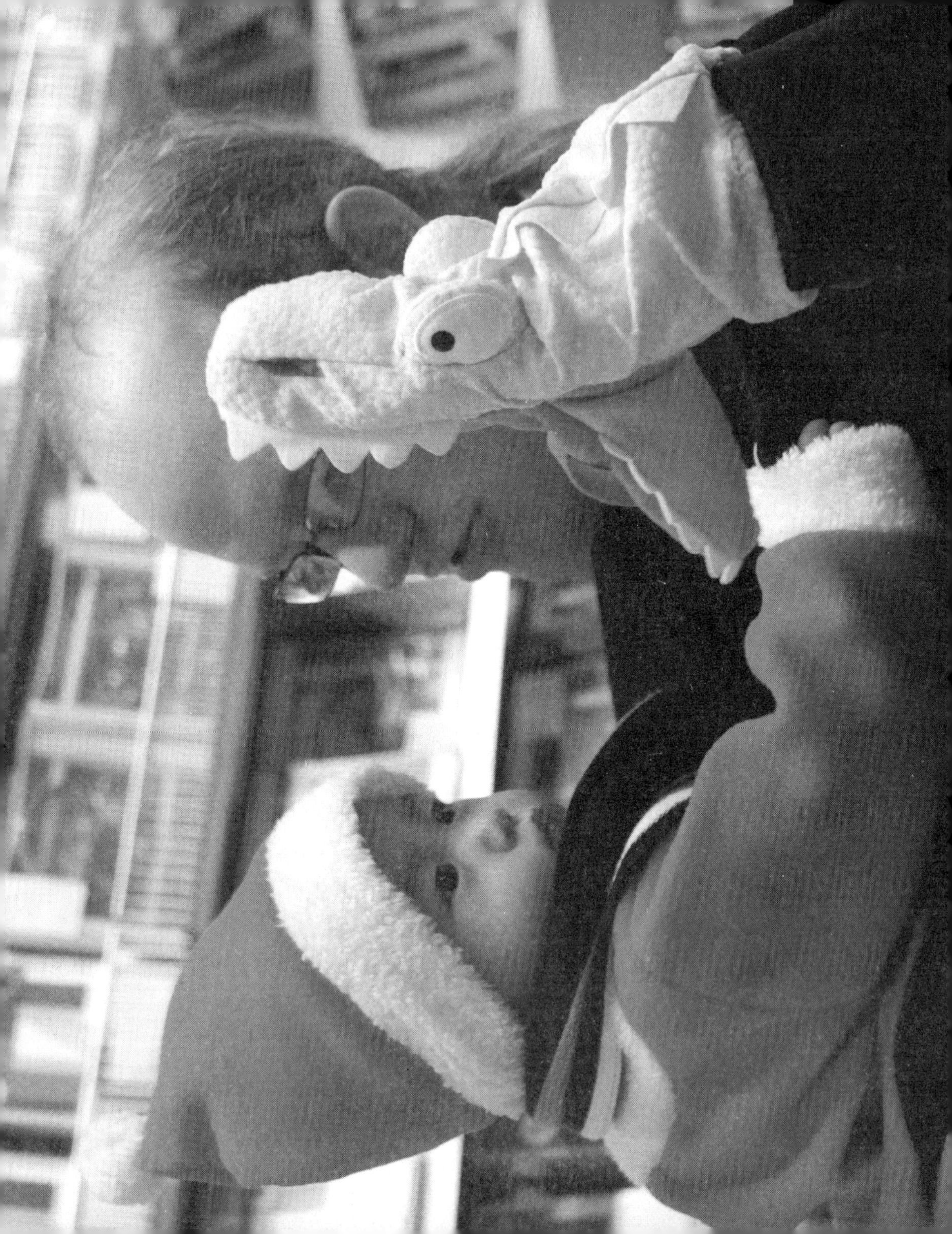

人。但我和任何父母一样，都会认真、努力地朝着好的方向去靠近。这是身为父母的责任。

所以：

如果我的宝贝儿成为平庸的人，证明我是个失败的母亲，我会因此愧疚终生。

如果我的宝贝儿成为平凡的人，证明我是个成功的母亲，我会因此开心一辈子。

如果我的宝贝儿成为一个不平凡的人，我想我是个神奇的母亲，生出了具备某些先天特殊潜质的孩子。我要感天谢地，从此愿有宗教信仰。

8.这么小的孩子就上了新闻，成了名，你不觉得对她以后的成长有害处吗？

关于新闻天天都有，讲述不同的人、不同的事件，我们无非是N多新闻中的一条，这和成名有本质的区别。如果这都能给孩子造成成长上的不良影响，我想那些真正意义上的名人的孩子岂不是没法儿活了？

即便有一日真的天上掉下馅儿饼，我的宝宝“有幸”成了名人，也谈不上是个不幸的经历。况且，名人是社会群体中极少数的，成为名人是非常荣幸的事情，所以，就更谈不上有害处了。

9.你希望你的孩子成为什么样的人？

快乐的人、幸福的人。我想每一个父母对自己的孩子都会有这样的愿望，只是这简单的八个字包含了太多的意义，并非几句能够概括。但我想如果您是从前面读的这本书，就会找到想要的答案。

后记

有专家表示，教育往往不能立竿见影，它具有潜在的作用。早期教育与小学教育模式不同，是通过让孩子活动来增长他们的一些能力，不是简单的知识传授。学前教育的一个指导思想应该是——在游戏中教与学。

早教是重要的，但不是万能的。很多家长希望自己的孩子通过早期教育变成超常儿童，这种思想是错误的。早期教育首要的是培养孩子的学习兴趣，开发潜能，引导孩子形成良好的行为习惯。

三岁前，在传统养育方式下，宝宝普遍缺乏与同龄孩子交往的社会经验，容易形成以自我为中心的个性，从而对其将来的集体生活造成困扰。而0—3岁是孩子个性品质形成最重要的时期，父母是孩子的启蒙老师，良性的引导对孩子完整的人格个性的形成具有重要的帮助作用。

我很愿意将我的宝宝的养育方式通过这本书与大家分享，也希望这本书能给年轻的父母朋友们一些启发，找到适合各自宝宝的养育方式。但希望读者朋友们不要将我的养育方式简单地生搬硬套，毕竟孩子的个体差异是很大的，性格喜好也有区别，就如同我们找不到两片完全相同的树叶，找不到两个完全相同的人。世界是多元的，每个家庭、孩子都不一样，没有放之四海而皆准的养育形式。

早教的理论和方法何其多，我们只能从众多的方法中选择一些适合自己的、相对比较科学合理的方法来进行。我不是教育专家，但我想即使是教育专家，也不可能保证他的理论方法永远正确、全部正确。有些方法放在今天是正确的，也许明天就是错误的，放在这里是正确的，放到别处，环境、条件变了，可能就行不通了。也许只有时间才是检验真理的唯一标准,不管是哪一种早教理论，都有其好的一面和不足的地方，我们只能扬长避短，有选择地吸收，根据自己的实际情况进行操作。

附录：《新京报》关于茜茜识字的报道

A28 北京新闻·社区

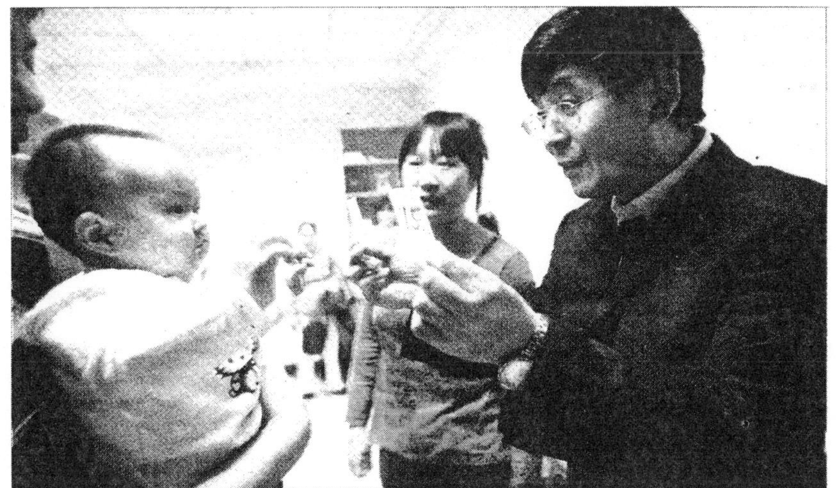

昨日傍晚，五个月婴儿会加减乘除识千字的茜茜来到中科院心理研究所请专家进行测试。　本报记者 王贵彬 摄

■ "五个月宝宝会加减乘除识千字"追踪

专家确认"算数女婴"超常

测试理解数字概念能力，女婴均选对；逻辑运算能力有待进一步试验

本报讯 （记者刘珍妮）为获知宝宝为何能算加减乘除，昨日，五个月算数女婴的父母，带她来到中科院心理研究所进行测试，宝宝连续过关，专家认为宝宝超常。

五个月女婴茜茜，在妈妈马佳教授下，不但认得千字文，还会做加减乘除。

"听音辨数"宝宝过关

昨日，中科院心理研究所博士生导师尹文刚为宝宝做了简单测试。"对数字能进行抽象理解后，才能实现运算能力。"因此，尹文刚首先想看看孩子是否懂数字的概念。

尹文刚在辨音器上敲击三下，但并没像以往一样，让孩子选写着答案的卡片，而用左手竖起2根手指，右手则竖起3根。

"宝宝，哪个是'3'？"在几次询问下，茜茜选择右手。

"会不会只认多的数呀？"在大家的疑问下，尹文刚又选择了两个塑料片和三个纸片让孩子选出"2"，茜茜再次选对。

通过数字的不同呈现方式，尹文刚做了多次测试，茜茜一一过关。"真是不可思议。"尹文刚十分惊讶。

专家建议核磁脑体检查

尹文刚解释称，认识数字的形象不能说明孩子懂得数字的概念，理解抽象的数字是运算的前提。"数字用声音和物体形式呈现，茜茜仍能辨别出，确实属于超常，因为通常情况下，这么小不可能拥有如此能力。"

对于茜茜是否具有逻辑运算能力，尹文刚表示，这需要经过重复的、大量的、简单与复杂相结合的科学试验，方能证实，但不应持单纯否认的态度。"有违常规的事实不一定是伪科学。"

尹文刚建议家长，在孩子配合的前提下，可去医院做无害的核磁脑体检查，"因为这样可更直观地看到大脑的活动情况。"